神奇！高效！

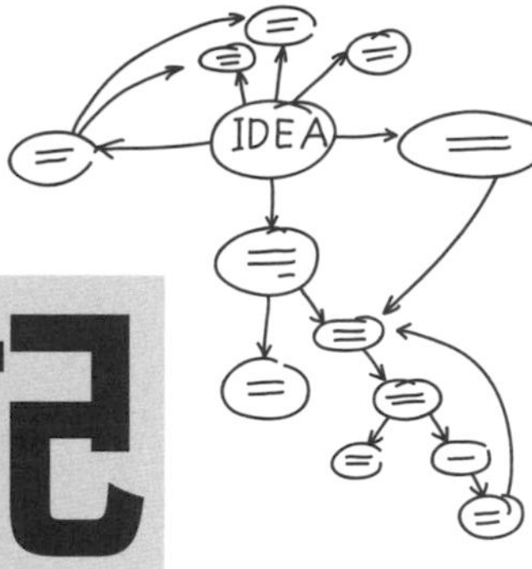

手寫筆記奇蹟記憶法

池田義博／著
廖佳燕／譯

記憶力日本一を5度獲った
私の奇跡のメモ術

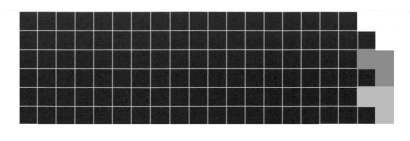

八方出版

前言

記憶的力量真的超強大！

一般人在聽到「筆記」的時候，都以爲重要的就是將信息書寫下來，就是一種單純的備忘錄而已。而認爲這些筆記可以提升自己的技能的人更是少之又少。

其實依據使用方法的不同，筆記可以成爲一種工具，進而讓你的思考發揮超強的威力。像是用來記住某些事情、智慧開發、創思新構想、目標達成，甚至還可以鍛鍊提升大腦的能力。

但是如果你沒有任何的想法，只是這裡那裡隨處的寫寫東西的話，就別期待自己能受到筆記所帶來的任何好處。爲了讓筆記能產生最大值的活用，就必須因應不同的目的進行適合的書寫和使用方式。

記憶力冠軍的秘訣就是筆

我先簡單的自我介紹一下，到2018年爲止，我已經五度拿到日本記憶大賽的冠軍。有人也許會疑惑我是怎麼拿到日本記憶冠軍的。我因爲參加了每年一次的日本記憶大賽的記憶力競賽並且得到優勝，因而獲得日本第一的頭銜。

可能有人會認爲我從以前應該就是一個記憶力特別好的人吧，其實完全不是那麼一回事。我完全沒有只靠看或是聽就能記起來的能力，我只是充分利用大腦的記憶結構來記憶而已，也就是所謂的記憶術。而且這還牽涉到普遍大眾認爲一般人大約在在40幾歲左右，記憶力就會開始衰退的現象。

從我開始進行技藝競賽的練習開始到第一次出場比賽，這當中大約經過一年的時間。我爲自己制定了短期間內能夠獲得最好成績的戰略，積極運用的方式則是以「筆記」爲代表的用手書寫的方法。

想要最大值的活用記憶術，事前準備的工夫是絕對必要的。比如，從自己最熟悉的家裡的物品開始練習大量記憶，像是電視、床、冰箱等等這些家裡的各種物品，你可以利用大腦中的記憶來保管儲藏他們。

這些儲存進大腦的東西數目越多對記憶術越有幫助，也越能夠讓你盡情的在大腦中置入這些物品並牢記他們。爲了記住這些東西，我們必須在事前先記住一些品項，而這些需要牢記的品項可能高達數百種。

能讓我們記住這些東西的工具則是手寫的筆記。

我自己甚至製作了表格來記錄自己當天練習的狀況。每天的紀錄當中除了數字之外，我也將當天練習時觀察到的事情寫下，這些對於我之後的練習給予了相當大的反饋。當你看見自己因這些一點一滴的紀錄變得更好時，這件事又成爲了你繼續練習下去的動機。爲了在記憶競賽中獲得好成績，我甚至必須開發出屬於自己獨特的記憶技巧。而且一定要超越世上已經廣爲人知的那些記憶術才行。

關於我的這些技巧會詳細在書中介紹，總而言之是用筆記這個方式進行。

為什麼堅持手寫的筆記

堅持要手寫筆記的理由其實很簡單，因爲手寫的方式對於學習是有效的，這當中也包含了記憶的學習。以記憶爲例，進行記憶的地方是大腦。所以當你在記憶某樣東西的時候，腦部一旦受到的刺激越強，你能記住的東西也就越多。

比較特別的是在我們腦中，和知覺、思考、推理、記憶以及可以自我意識的動作等等這些有關係的雖說是「大腦」，但是大腦卻是必須藉由神經來傳導信號到身體的各個部位。而且，其中「手和手指頭」與大腦的對應佔了大腦全體的三分之一之多。這讓我了解到手部和手指頭的動作給大腦帶來的刺激，比起身體其他部位的動作更加強烈。

這麼說來的話，有人也許會認爲3C等等的電子用品都是使用手部和手指頭來操作，這樣不是很好嗎？關於這方面已經有許多研究結果顯示，只有手寫才適合含括記憶的學習。

例如，根據美國的普林斯頓大學和加州大學的研究者們所提出的共同論文的研究報告指出，上課中用手抄的筆記和用鍵盤打字做筆記的結果相比較之下，用手抄筆記的學生對授課內容的理解程度較深，對於記憶的保留效度也較高。

需要使用哪些工具呢？

當我們把筆記當成思考工具時需要用到哪些物品呢？接下來將爲大家介紹幾種一般用得到的物品。

筆記本（方格類型和空白類型）

筆記本有方格和空白2種類型可以使用。

◯方格類型

1. 中村印刷廠B5 橫向水平方格筆記本 5mm 的格子，30格。
2. オキナ(Okina)文具 A4 線圈筆記本 5mm 的格子，50 格。

◯空白類型

マルマン(Maruman)文具mnemosyne特殊空白筆記本 A4，70頁

筆

主要以下列三種進行使用

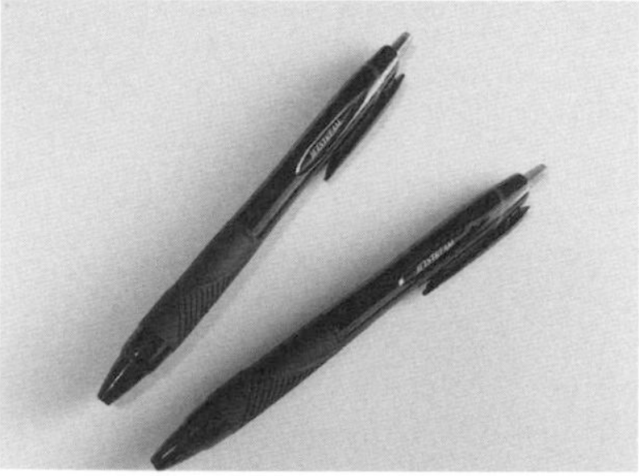

○平常用

三菱鉛筆油性原子筆 ジェットストリーム『JETSTREAM』系列
標準規格0.7mm（藍色和紅色）

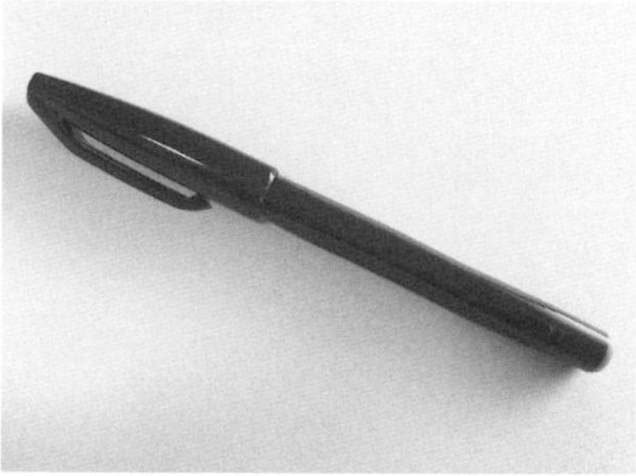

○粗體用

ぺんてる（Pentel）文具水性筆簽字筆
S520-CD 藍色

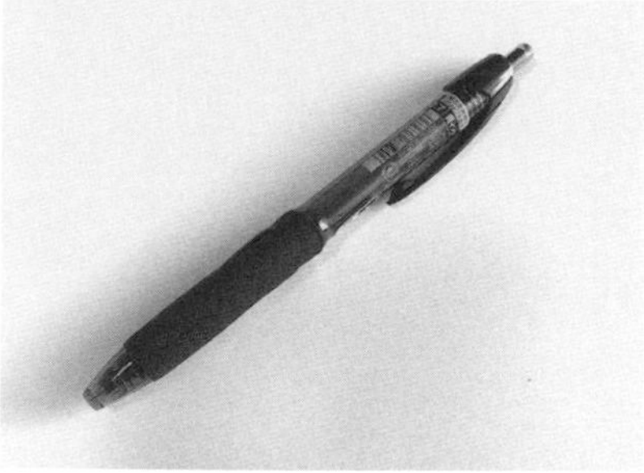

○浴室用的筆

三菱鉛筆加壓原子筆 パワータンク（powertank）系列標準 0.7mm
SN-200PT-07 藍色

筆記本

筆記本因為可能會帶進浴室所以請使用加工過的防水產品

オキナ（Okina）文具
Project 系列 耐水筆記 5mm 方格
B7，40頁

其他

A4 影印紙
白板
録音設備等等

科技時代為何還要手寫？

現在社會上到處充斥著筆電、平板、手機等等電子產品。這些產品當然可以記錄各種訊息，如果連上網路的話更可以馬上就能收到來自全球各式各樣的最新信息，是相當便利的工具。

確實，不論是工作方面或是在學習方面利用到這些3C產品的機會日漸增加，我自己本身也從3C得到相當多的便利。

但是會需要這本書的人，無論你是在哪個領域，最後自己所能依靠的還是那些被自己牢牢記在腦中，無論何時都能夠馬上取出運用的信息吧。我認爲你們這個想法再正確不過了。

目前社會上重視思考能力的風潮已經有一段時間了，但其實信息量是思考能力的基底，大腦如果缺乏信息量的話，應該也很難培養吧。我也正是因爲這一點，所以本身對於記憶還有大腦產生了興趣。

人類的大腦和機械的錄音裝置完全不同之處就在於，來自各個不同管道的信息一旦進入大腦，再經過有意識的連結組織後就能夠產生新的點子和思維。我認爲這意味著不論科技再怎麼發達，人類記憶的價値是永遠不會改變的。

各位務必要有效利用筆記，使它成爲最強的思考工具，讓你的技術和「腦力」更上一層樓。

眞心希望本書能夠對大家多少有些幫助。

神奇！高效！手寫筆記奇蹟記憶法 目次

第1章 讓你牢記不忘的筆記法

第4章 加強行動力的筆記法

第5章 鍛鍊大腦的「書寫」練習

第1章

讓你
牢記不忘的
筆記法

1-1 格線筆記最容易記住事情

大家平時都用哪一種筆記本或記事本呢？我自己的習慣是依照目的來選擇。我的目的大致上分爲兩種。一種是用來慢慢衍發思考創造力用的，也就是所謂的「水平思考」爲主要目的。另一種則是記錄結論，以「邏輯思考」爲主要目的的時候用的。這兩種有何不同？簡單的來說，用來思考創造的筆記以無格線素白的筆記爲佳，但思考歸納總結時則需要用方格筆記。

當你要開發新構想的時候盡量使用一些不會妨礙且侷限想法的工具較佳。我認爲一般人爲了要提高識別空間的能力，會在頁面加上線條或方格等標記，但我發現這樣一來就下意識地設置了框架，也侷限住了書寫的範圍。

這些特點並非不好，因爲我認爲含有線條，尤其是方格的內容特別適合將我們的思考引領到某一個方向去。尤其如果是邏輯性的思考方面，這樣的標記方式在視覺上是整齊有條理的，也有助於我們整理思緒。

例如，在書寫各種要點時，如果第一行已經整理好了，那麼接下來的各項要點就可以用相同的格式或間隔來書寫。如果有方格，這樣的書寫方式會讓人容易閱讀並且顯得整齊一致。這種筆記的效果和雜亂無章的書寫方式相較之下，能夠讓思考過程更加順暢的進行。

另外像是樹狀圖和金字塔結構圖，這些方法將信息用格子框起，讓大家在閱讀時一目瞭然，整理時也非常方便。

還有，如果使用方格筆記的話，對於圖形圖示的書寫也很有幫助。另外要手繪圖表和立體圖形時，方格筆記對於形狀的工整和位置的確認也有幫助。

以上所談的都是著眼於思考的發揮和整理方面屬於大範圍的使用方法，那如果將重點放在掌握內容、要能牢記的話，要用哪種方式較合適呢？

要想掌握記憶筆記的內容，一定是方格筆記較佔優勢。原因是我們的大腦在記憶方面有一定的機制。在人類的大腦中有所謂的「情節記憶」。對記憶者本人來說某一次強烈的經驗會殘留較強的記憶，在記憶的種類中它被稱爲「情節記憶（或事件記憶）」。這種記憶比起單靠文字背誦，它更容易成爲你的絕對記憶，不但可以牢記不忘，也更容易被想起來。比起空白筆記來說，用方格筆記製造一小段插曲或情節也是比較容易的。

因爲在書寫時我們加入了一個利用方格的方法。將文字框起來不但容易看，而且當你在加入輔助的圖像和表格時，這個動作本身在不知不覺中就已經成爲情節的一環，強化了你的記憶，在你需要從大腦提取信息時，就會產生關鍵性的作用。

依據目的不同選擇筆記

① 方格筆記　**記憶力 ↗ UP**

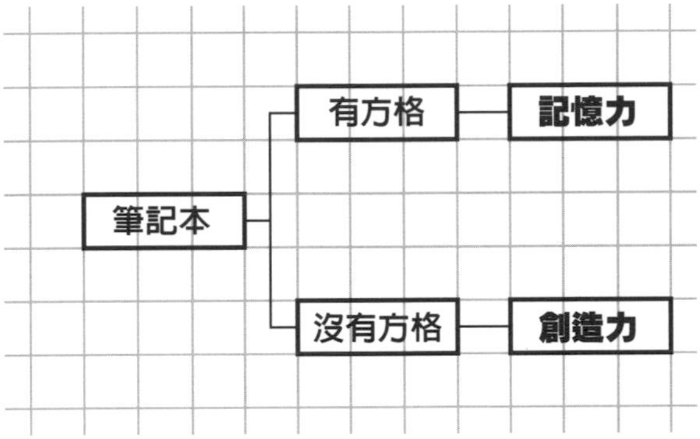

② 空白筆記　**創造力 ↗ UP**

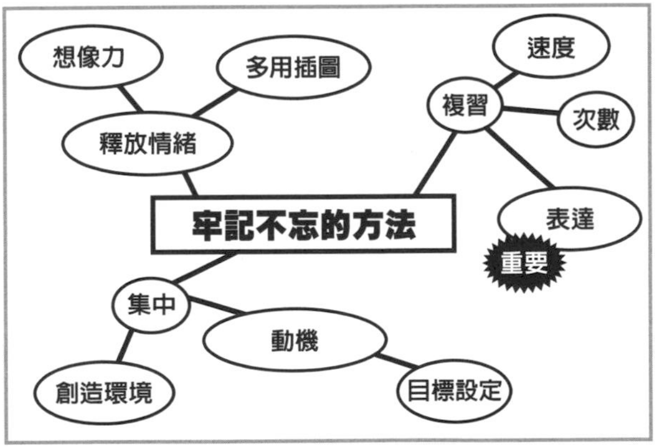

1-2 盡快重新檢視筆記

你是否因爲已經做了筆記或寫了備忘錄，就以爲可以安心而高枕無憂呢？其實當你寫完備忘錄或筆記時，這些信息往往和已經輸入大腦中的東西產生了一些不同，這樣一來就無法充分活用筆記的價值。爲了讓筆記能夠成爲有價值的東西，我們必須盡早的再檢視一遍。

因爲這些筆記經過的時間越久就越無法保持它的鮮度。

我們在做筆記的時候往往因爲時間有限，所以幾乎都是簡單的紀錄重點而已。

原本在紀錄的當下，臨場感受和靈感以及湧上的想像等等感覺是同時存在的，但是要將這些同時完全的表現出來幾乎是不可能的事，所以只能最低限度的將這些信息用文字記錄下來。

其實這樣隨時紀錄的內容對筆記來說是非常重要的東西。

如果你能記得作筆記當時的氣氛和情緒的話，甚至可能可以激發聯想出一連串的其他創意、想法或疑惑等等。這樣一來就能從這個筆記中發展出更多思考的可能性。能夠和之後所獲得的信息產生聯結，這就是有價值的筆記。

如果你不浪費時間，趁筆記還熱騰騰的時候重新檢閱一次的話，記憶也能保持在新鮮狀態，而這些隨時記錄的東西也較容易回想起來。

但如果你做完筆記之後閒置了一段時間，那麼這些肉眼所看不到的信息也將隨著時間的流逝從我們的記憶中快速的消失而去。

即使你之後回頭再去讀那些筆記上的文字，卻怎麼也想不起來那些內容到底有什麼重要性？更嚴重的時候會連自己寫的究竟是什麼都想不起來。這樣就失去了作

記憶是有時間限制的

赫爾曼．艾賓豪斯 (Hermann Ebbingha us) 的記憶曲線

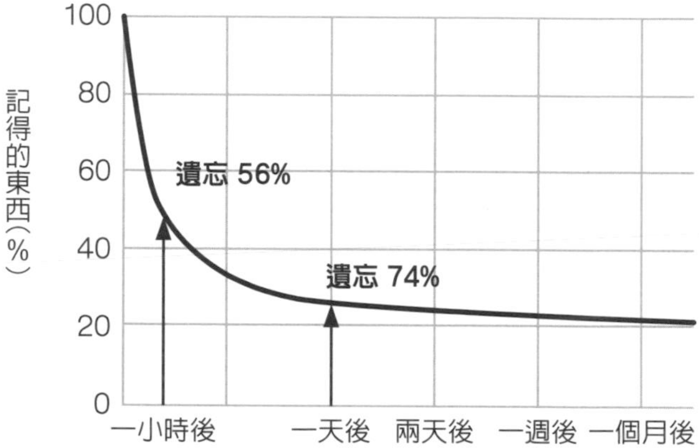

養成在每天結束後重新檢閱筆記的習慣

記憶持久性UP↗

在養成重新檢閱的習慣之前，
可以善加利用手機的提醒功能

再次檢查筆記的習慣↗
可提高記憶力UP

筆記的意義。

那究竟要在什麼時候重新檢閱筆記才是個好時機呢？

由以上的圖表我們可以看的出來一些重點。這是一位德國有名的心理學家赫爾曼．艾賓豪斯（Hermann Ebbinghaus）所進行的一項實驗中我們得知，人的記憶力從記得100％的時候開始，大約經過20分鐘就遺失約42％，一小時之後遺失約56％，一天之後原先的記憶已經遺失約74％之多。

這個實驗的內容是用完全沒有意義的三個字母的文字列進行記憶實驗，所以如果是換成有意義的文字內容也許可以減緩遺忘的速度。但這還是應該可以成爲一種參考標準。

從這個實驗中我們能夠很清楚的知道，記憶，在最初期的階段就以相當快的速度不斷流失。所以最慢也要在隔天重新再看一次筆記。只要重看一次就能達到復習的效果。有進行復習，和只有記憶沒有復習相比，較能夠防止快速的記憶流失。也就是從延緩記憶退化的速度，進而延長記憶的保鮮期限。

我自己則是怕一不小心會忘了復習，所以會利用手機提醒自己。

現在的慧型手機幾乎都有行事曆和工作管理等APP，也都具有提醒功能。你可以設定這些應用軟體定時通知你：復習的時間到了。

大部分的人幾乎都是利用睡前的時間復習。即使你已經做到這樣的地步了，有時一不小心還是會讓復習的機會溜走。當這種情況發生時，我希望你牢牢記得一件事，那就是，記憶是有最終消費期限的。

記憶的有效期限大約是一個月。請注意，在這一個月的期間，如果你對已經記住的東西完全放任不管的話，到了你想要回想起來的時候可能什麼也記不得了。

所以不想忘記的重要事情一定要在一個月內盡快復習。

1-3 留下記憶的線索

我們在前一篇當中已經討論過維持記憶新鮮度的重要性。人的記憶會隨著時間過去的同時急速的降低，爲了防止這種狀況發生，我們必須在最短時間內重新復習筆記的內容。

這一篇我們要更進一步介紹如何讓大家更容易記住自己所寫的內容，其實方法非常簡單。

第一點，請在筆記的第一列加註日期。有人可能會覺得不過是日期而已，有必要嗎？事實上日期的添加與否，將關係到你之後所作的筆記是否能產生價值。如果標記日期，你會比較容易想起自己在做筆記當時所處的狀態，它也會成爲一個媒介物，更能引發你清楚地回憶起當初寫筆記時的脈絡。

如果沒有標註日期，不知道什麼時候寫下的筆記，因爲無法回想起當時寫的時候的「狀態和想法」，所以有可能變成一種單純的文字信息而忽略了它的價值，這是相當可惜的。

透過記錄日期，能讓你回想到寫下筆記的當時自己的觀點爲何？用什麼樣的心態在過日子？關心些什麼事等等，眞是再好不過了。但有時即使看到日期卻什麼都想不起來的狀況也是有的，當你遇到這種狀況時，我們另有秘訣。

現在社會上大多數的人都會使用幾個社群網路。無論是臉書、推特或是其他的社群網站，只要你發布信息的同時必定也會記錄日期。所以你可以去看看你紀錄筆記那幾天所發的信息。這樣一來必定可以找到一些線索，記起當時的自己在想些什麼。

另外還有一種方法可以讓你想起寫筆記當下的臨場感。比如說，如果是紀錄會議內容的話，可以順便把參與會議的座位配置也一起記下來。另外我也建議在參加座談會等場合時，也要將同一組成員名字和座位配置記錄下來。

之後你只要一看到座位表，就能想起那個人所說的話以及他給你的印象，進而記起當時在場的感覺。這樣一來，當時所記錄的筆記內容和想法也會同時浮現在腦海中。

應該有些讀者已經發現了，這個方法也就是我們之前談到過的製造「情節記憶」的方法。人們想記住一些事情的時候，如果感情也能同時連結的話就能產生很強的記憶，也較容易回想起來。

但是有時也會發生無法利用情節記憶機制的情況。

那就是沒有時間仔細做筆記或其他等等狀況的時候。

搜尋記憶的線索

① 寫下日期

② 標註會議中的與會人員座位和姓名

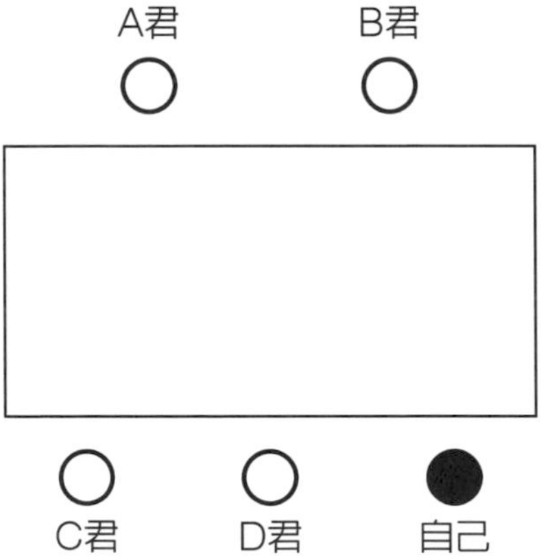

這時候很多人自然而然地只在筆記上羅列出關鍵字，有時還會因爲寫得太急，等到之後重新再看一遍時，根本就想不起來自己當初到底想要寫什麼？

如果出現這種情形也有應對的方法。你必須預先設想自己會忘記，然後爲了記住而必須一併記載附加說明或其他東西。

現實中在我們作筆記時應該不會去記錄那些和我們腦袋中無關而多餘的東西吧，所以在筆記中一定得加上能夠引發你回憶的東西。

例如，要記下的內容和自己電腦資料中某個數據或是某本書的內容有關，爲了方便以後在網頁上查詢，因此可能會簡單的寫幾個關鍵字。

所以如果知道要做的筆記和電腦相關的話，可以在筆記旁邊畫一個代表電腦螢幕的圖案，如果是書的話也可以畫一個簡單的圖案，一看就知道是代表書的意思。這樣是不是更容易搜尋呢？

如果是和網頁相關的話，可以用網址WWW中的W或是@作爲提醒的一種記號方式。

還有更高招的是，事先想好並在筆記旁邊寫下之後可以和自己討論，當初作筆記的狀況和內容的人的名字。

這些都是在會忘記的前提下事先想好的應對方法。因爲一邊思考自身和目前環境的關係，然後一邊進行記錄，反而意外的更加能夠提高意識，增加記憶的效果也說不定。

1-4 只用兩種顏色的筆

在學生時期，我身邊的同學總有人喜歡用各種顏色的筆來做筆記，連課本上也會用各式各色的筆標記重點或畫線。

看起來的確是顏色非常繽紛漂亮，那樣的做法中也有屬於他們個人專屬的顏色區辨方法。

但我實在很懷疑這種作法對念書實際上到底有沒有幫助。

本來做筆記和在課本上畫重點的目的就是爲了要幫助我們理解、記憶進而吸收內容，但我發現那些同學根本沒有意識到這一點，做這些標記的動作，反而使得他們把目的設定完全擺錯位置。

他們本人可能會覺得並非如此，他們把筆記和課本當成藝術品一樣，加工塗鴉一番之後，就變成了美麗的作品而產生成就感吧。

但是我也發現到，如果都是用黑色的筆，對筆記的印象就會變得很薄弱。這樣一來，到底要用幾個顏色做筆記就變成一個煩惱了。我自己本身主要是用藍色，另外的也只有紅色而已。總共只限定使用兩種顏色的筆。

我做這樣的限定有幾個原因。

首先，我們從要「記得」所寫的內容這一點上來看，使用許多顏色對這個目的並沒有幫助。

也就是說，顏色並不是喚起記憶的關鍵。

關鍵是在於前面我們談到過的「標註日期」和「圖像」，還有就是「記錄時用一點小技巧」，像是利用情節記憶這個方式等等。盡可能地讓之後再次檢閱時能較容易看懂筆記。

除此之外我們也要談談它在效率方面的作用。在做備忘錄和筆記的時候，在某種意義上也像是和時間賽跑一樣。在這樣的情形下還要花時間去思考要用什麼顏色的筆，我認爲實在是一件浪費時間的事。因爲還有其他更重要的筆記方法，像是將重點框起來、畫雙圈或是星號、將重點的順序用箭號標示出來等等，隨著你思考的同時就可以同步將這些標記畫在備忘錄或筆記上。

因爲這些理由，所以我的筆記只有紅藍2個顏色。基本上都是用藍筆書寫，然後重點的部分用紅色的。主要的顏色使用藍色而非黑色的原因最主要是從心理精神層面來考量。以心理學角度來說，藍色是一種可以讓人心情穩定，並能提高注意力的顏色。所以我也總是覺得自己能夠一直保持冷靜集中注意力進行思考。

而且我會期待藍色的那種很酷的感覺能爲自己帶來更多新點子。外資體系的諮詢公司的顧問們用的似乎也都是藍色的筆，從模仿偶像就能讓人振奮精神也是一個重要的因素。

另外在用筆方面也要有所堅持。

像是筆一定要有足夠的墨水，想要做筆記的時候能夠馬上寫出來，這樣寫起來才會覺得自在流暢。爲了盡量不要造成書寫時的壓力，像這些枝微末節的小事還是要注意。

因此我除了藍色和紅色之外，主要還會使用三菱鉛筆油性原子筆系列0.7mm的筆作筆記（參照第9頁）。還有在本書的後面章節中會談到所謂的思考法時，會需要在大張的紙上寫下較大的字體，Pentel文具的水性簽字筆不但好用又便宜，所以我自己也準備了許多。

只用兩種顏色做筆記

藍色

主要的基本色
可以讓情緒安穩
並集中注意力

紅色

重點顏色

使用一堆顏色做筆記

「◎ ☆ □ →」

不如用一些圖示

如何有效率的背誦英文單字

●使用雙關語

◎復習
- → 重視速度
- → ☆不斷復習讓記憶加深

◎輸出
- → 將內容讀出聲音來
- → ☆利用單字卡片

●養成運動的習慣
●保持優質的睡眠
→ 維持大腦本身的健康

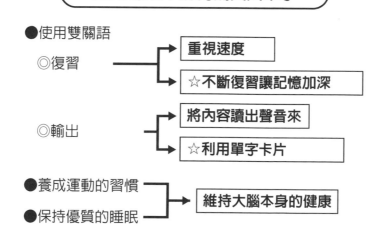

1-5 跟別人說明自己筆記的內容

無論如何，筆記和備忘錄最首要的目的就是將寫下的訊息「轉化爲自己可用」的東西。

一旦成了自己的，它就是有用的東西，你可以好好的去理解內容、讓記憶深化，對自己來說在工作或唸書這些有價值的目的方面，才能成爲一個有用的信息。

還有，你也可以使用大腦的記憶機制。

如果你現在是學生，那麼請想一下自己的班級。如果是上班族請回想一下自己還是學生的時候。在課業上遇到不懂的內容時，都曾請班上成績很好的同學教過自己吧，又或者你自己可能就是教人家的那一方，這時候你對於自己要說的內容應該是已經完全理解的吧。

曾經拜託成績好的同學教自己功課的時候，你注意過對方的態度嗎？應該是很有禮貌的吧。至少不會是「這種事情自己想啊！」這種冷淡的態度吧。

我爲什麼這麼說呢？因爲我知道成績優秀的人透過「指導別人」這件事可以讓自己對課業內容的理解更深入，甚至對記憶的深化更是一種非常有效的方法。指導別人這件事之所以有很好的學習效果，是因爲在整個過程中，記憶的強化機制會自然而然的組織起來。

首先來看看「信息的整理」這一塊。要讓別人容易理解自己所教的內容，就必須先將內容在自己腦中有系統的組織整理好，如果你這方面的組建能力不夠，而對方的理解力也不好的話，可能很難了解你要傳達的東西。

另外還有一個好處，假設在那個時候自己的知識都還是零碎的，也能夠趁自己在指導別人的同時順便在大腦中再整理過濾一遍。

要記住那些分別進入大腦中的信息雖然是件非常困難的事，但如果把那些信息整理一下，找出彼此間的關聯性並加以連結，然後一併記住的話，當你需要從大腦提取信息時就能夠產生連鎖效應，連動式的想起這些相關的信息。

吸收同樣的信息量時，與其讓他們片片段段的四散存在於腦中，不如去理解這些信息間彼此的關聯性，這樣的記憶法不但比較容易回想起來，也才能成爲有利用價値的記憶。

另外由於再次的重新整理信息，馬上就可以捕捉到自己所學習的知識和理解的不足之處。這樣一來正好可以再次補強自己當時的不足和已經理解的重點，甚至也不會遺漏任何信息。

而這又再次的和「情節記憶」產生關聯。

對大腦來說，用文字記錄的知識信息的記憶叫做「意義記憶」，而經由自身所體驗經歷過的叫做「情節記憶」，對於後者，大腦絕對較能留下強烈的印象。

指導別人這個動作正是一種情節記憶。回想教人的過程會同時成爲一種召喚，讓你可以連帶回想起自己所教授的內容。

在你教別人時，如果無法順利說明也不需要覺得生氣或不甘心，因爲如果這個不順利不甘心的情節記憶，能夠成爲讓你想起來的契機的話也是件好事。

教人可以強化學習效果

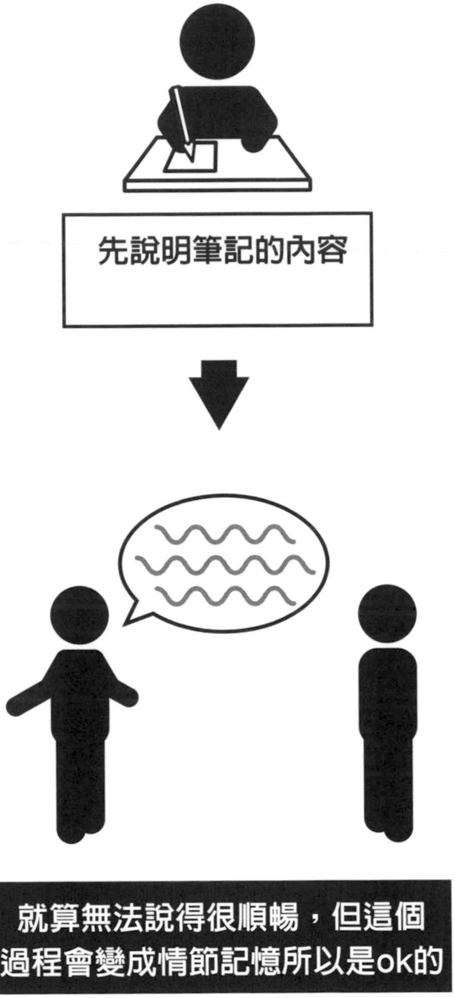
先說明筆記的內容
就算無法說得很順暢，但這個
過程會變成情節記憶所以是ok的

1-6 字卡是最強記憶學習法

大家在學生時代應該都有過這種經驗吧。習慣在課本或筆記上重要的地方做上標記，然後覺得自己已經牢牢地記下來了，結果一到了考試時卻完全想不起來。翻閱自己所做的標記，在標記輸入腦中的當下會有「對！就是這個」、「簡直太完美了」這樣的感覺，但爲什麼到了眞正需要的時候卻一點都派不上用場呢？

因爲這是一種心理圈套。心理學上對於信息能夠快速處理的能力稱爲「流暢度」。剛剛的例子談到瀏覽筆記時，在當下各項重點看起來都是可以馬上記住的，這是一個事實。

但這其實就是記憶的圈套。

在當下可以馬上記住，和能夠完整地記住所有的信息是完全不同的兩件事。

在本章一開始也談過記憶這東西，在還沒有完全銘記之前會自然地慢慢遺忘。考試寫不出來，那就是因爲「已經很完美了」這樣的錯覺讓你以爲記憶已經紮根，而導致你復習的次數不夠的關係。還有一點很重要，復習的時候光是用眼睛瀏覽是不夠的。因爲在不知不覺中你可能會將課本和筆記的順序以及頁面中的關係位置這些既定的畫面也一併記下來。但是考試的題目並不是按照課本順序出題的，所以你當然想不起來。

爲了防止這個記憶圈套，有一個方法可以確實的讓記憶紮根。這個方法在學習心理學上被稱爲「回想練習」。

在記憶學習法當中這可以說是最強的一種。

先前大家在課本和筆記中畫重點標記加強記憶的方法，基本上就缺乏這個回想練習的功能。

那麼怎麼做才是正確的回想練習呢？那是一種「喚起記憶，確認信息是否眞的已經輸入大腦」的技術。藉由進行這項技術的練習，也同時能促進記憶的紮根。

「喚起記憶」這個行爲本身有它必須具備的學習方法。那就是「單字卡」。

大家在背英文單字的時候可能都使用過這個方法，正面寫上英文單字，但背面卻用日語寫上翻譯。

自然地使用單字卡進行學習，在學習心理學上是很有意義的一種方法。

所以在做筆記的時候，你也可以使用類似這樣具有回想練習效果的方法來書寫。

我們事先在頁面的右邊畫一條線確保能容納兩排空間。

寫下主要的筆記內容之後，在剛剛左邊的空間裡思考寫下對筆記內容的提問，右邊的空間則是填上答案。然後將答案那一排用墊板或其他東西遮住，就可以用來作爲回想練習的工具了。

我稍微離題一下，我們參加技藝競賽的選手也需要準備像這樣的回想練習。我們必須練習將布偶、仙人掌、氣球等物品事先從0編號到99號，然後將這些彼此間完全沒有關係的數字和物品設定爲一組物件並記住他們。因爲東西和數字完全沒有關聯性，就這個層面來說和英文單字用日語翻譯來背誦記憶是很相似的。

接下來我要介紹一個和手寫筆記沒有關係，但卻是最適合用來練習這種毫無關聯卻要視爲一組物件的回想練習，它是一款手機APP，叫做「Anki」。一直都被稱爲叫單字卡的學習卡片，在這一類的教具教材中，一般被叫作「快閃記憶卡」。這個「Anki」是一款可以自己製作快閃記憶卡的APP。

這款APP的功能不但可以輸入文字，其他像是圖案或甚至是聲音都可以被記錄進去。特別值得一提的是它還會自動幫你安排復習的進度。如果是不太記得住的內容，APP幾乎不會給予太多的時間，但如果是已經銘記的記憶則會給你較充裕的時間並設定復習的時機。

意思就是當你在使用APP進行回想練習的時候，它只限定那些你想得起來的東西，這也許正是「Anki」技高一籌的地方。

這是一款非常方便的APP，如果大家也覺得不錯的話歡迎多加利用。

卡片記憶法最強的原因

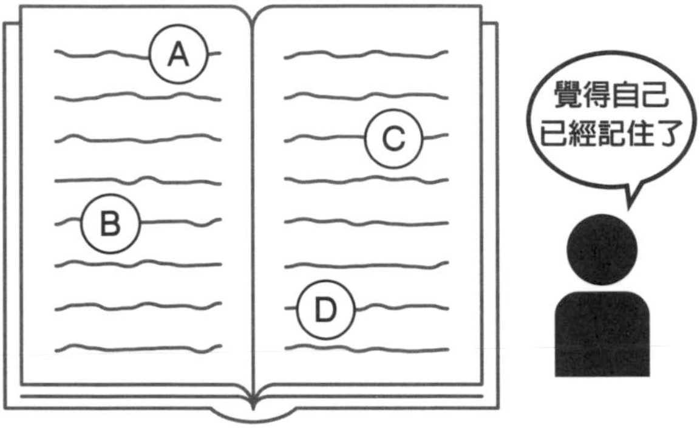

課本和筆記上的重點往往容易造成自己已經記住的錯覺

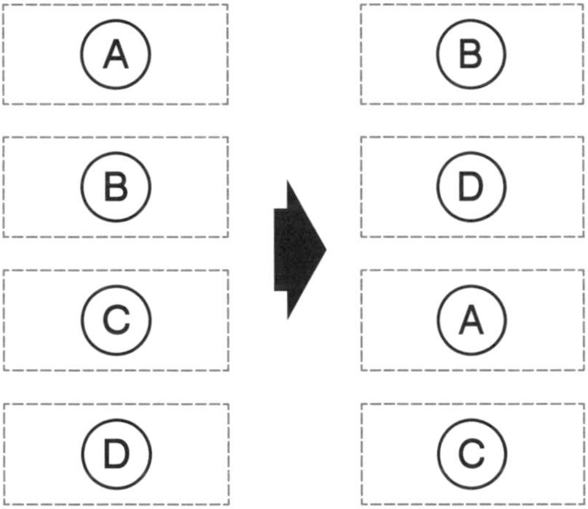

因為卡片可以自由置換，順序也可以重新排列所以能幫助記憶，而且記住之後較容易回想起來

記憶喚起率UP↗

1-7 一次就牢記對方樣貌和名字

要記住人們的長相和名字也可以利用筆記。職場上初次見面的對象遞來的名片，如果能直接註記些信息在名片上，或是在筆記裡寫下相關資料的話，之後便會成爲回想起來的線索。

到底要在筆記上寫些什麼東西呢？在回答這個問題之前我要先向大家介紹記住人們長相和名字的方法。

「要如何才能記住別人的長相和名字呢？」我在接受諮詢的時候經常被問到這個問題，但是這是屬於使用記憶術之前的意識問題。所謂的意識，就是想要記住事情的意志力。大腦只要發出「我想記住」的訊息，記憶的開關就會開啟，因此在你和別人見面之前就有了「要記住對方長相和姓名喔」的心理準備，只要這樣做就能達到一定的效果。這時如果再加上記憶術的手法的話更能倍增效果。

這裡向大家介紹的是一種叫做「Baker-baker悖論」的心理現象。這是一個實驗，一位研究人員向兩組人員展示了一張臉的相同照片，告訴他們其中一組照片上的人名字叫做貝克（baker），讓他們記住名字。而告訴另外一組照片中的人職業是麵包師傅（baker），請他們記住職業。

無論是哪一組人記的都是（baker）這個信息，不過一組記的是職業，另一組記的是名字而已。

幾天後，研究人員對兩組進行測試，結果顯示記住姓名是baker的那一組忘記的人很多，而相對另一組幾乎沒有人忘記baker這個職業。

這裡要談的就是名字是一種單純的文字信息，相較之下，對方的職業和嗜好、興趣等「背景」更能刺激受驗者的想像力，留下較強烈的記憶。

所以當你在記住人名時可以利用這個心理特性。那麼接著這我們按照順序來說明記憶的方法。

1.將對方的印象，在心中用語言表達出來

無論是形容對方的長相和氣氛或特徵都可以。像是「好優雅的人」、「看起來很恐怖」、「和〇〇長得很像」、「膚色很白」、「眉毛很粗」、「鼻子很大」，以上這些形容大致上就OK了。

在心裡把對對方的印象化爲語言，就能牽動感情加強對臉部的印象。

2.從名字中去聯想對方的背景加深印象

姓名是單純而又難背的文字信息，我們可以將重點放在較容易記住的對方背景上。大致上來說有兩種方法。首先第一種方法是你自己從對方的姓名去任意的聯想他的職業或興趣等等「背景」。像是和姓名一樣的讀音，或是利用名字中一樣的漢字來進行相關記憶的聯想。例如：「望月（もちつき）」這個名字你可以自己任意從它的日文念法衍生出有趣的意思，像是「もちつき」變成了「有趣的餅つき（搗麻糬）」，然後想像那個人拿著杵用力搗麻糬的樣子。

或是名叫「石橋」的話，你可以想像一個人邊拿著榔頭敲打著石橋邊過橋的姿態。另外一個方法是當對方的名字和某個名人或自己認識的人相同時，就可以用以下的方式。假設對方的名字是「坂本」的話，你就可以想像其實他是坂本龍馬的後代，所以他們互相搭著肩膀。

在這種情形下不光只是創作一個故事而已，實際上你的腦海中也要浮現這樣的畫面才行。這種記憶法的重點就在於去記住想像的畫面和內容。如果將這一部分省略的話，記憶便無法被強烈地保留。

所以在想像過後，你必須在名片或備忘錄當中趕快寫下相關信息。像是「望月、粗眉、很親切、搗麻糬」、「石橋、無框眼鏡、捶打石橋」、「坂本、膚色白、坂本龍馬」等等。之後當你再看到這些信息時，那些印象就會在腦海中浮現出來。

在我們的印象當中也包含了對方的長相以及和對方名字相關聯的線索。因此如果腦中能夠回想起名字的話，連對方的臉也會一同被想起。

事實上技藝競賽也有一個項目是記憶人們的名字和長相。

比賽的方法是，大會發給參賽者每人好幾張題目，每一張題目中都有9個人的相片和名字，你必須在15分鐘內盡量記得所有的內容，在回答題目時必須在已經改變照片順序的題目中寫下正確的名字。

比賽中必須記住的是全名，因爲是比賽所以不能做筆記，而且漢字也要完全正確才行。

我所使用的就是剛剛介紹給大家的完全相同的方法。利用這個技法我在15分鐘內大約可以記住60張照片的全名。當然一開始練習的時候無法記住這麼多，這是不斷練習的結果。

越練習就會越順手，大家一定要試試看。

記住長相的技巧

1 將對方的印象用語言表達出來

好粗的眉毛喔
好像很親切
我是望月

2 從對方的姓名去衍生想像對方的背景

望月=搗麻糬

3 在名片上寫下相關的信息

△△△株式會社

望 月 一 郎

搗麻糬、粗眉毛、很親切

1-8 預防停止思考的3列法

因爲學校並沒有教授如何抄寫筆記的課程，所以大部分的學生都是將老師寫在黑板或白板上的東西直接抄寫在筆記上吧。

這樣的筆記看起來也許整齊好看，但如果光是這樣做的話，筆記原來的用意就完全被曲解了。

不知不覺中目的會變成只是要製作一份漂亮完整的筆記而已。這樣一來，筆記成了作品，你只是因爲自己完成一份作品而感到滿足而已。如果注意力都只放在抄寫上的話，很容易發生本末倒置的狀況，之後當你再回過頭來檢視筆記時，會發現不太能理解自己抄寫的東西，而且對原本的內容也想不起來。

到目前為止我為大家介紹了許多方法，這些方法都有一個共同點。

如果你對取得的信息沒有更進一步積極作為的話，就沒有辦法牢記甚至活用這些信息。

所謂積極的作為具體的來說就是當你取得信息的同時，就要避免讓大腦的思考活動停止。

我們正在運作的大腦其實是具有這種機制的。它被稱之為「工作記憶」。它就像大腦的備忘錄一樣一直運轉著。我們的大腦有一種功能，當它正在進行某一項工作的時候，同時也能短期間暫時記住其他的事情。

例如，我們在買東西的時候經常會在私底下心算價格，像這樣在計算過程中暫時記住加總的價錢的功能，就是一種工作記憶。另外像是一邊聽對方說話一邊記住筆記也是，參加講座和上課時做的筆記也是，在當下腦中最先意識到的重點和疑問，就會先被載入工作記憶中。工作記憶是一項非常便利的功能，但很可惜的是容量有限，能在大腦中殘留的時間也不太長。因此，如果接著又馬上出現新事物吸引你的注意力的話，大腦中的備忘錄就會將之前的信息削去，替換上新的信息。而那些被刪除的記憶中說不定有些非常好的點子就像未加工的寶石一樣，可惜可能就這樣子被浪費掉了。爲了不讓這些未經雕琢的寶石就這麼流失，我們必須事先著手準備，當想法一出現的時候就馬上將它寫下來，而這項準備工作相當簡單。

只要將筆記頁面上分爲三等份即可。

一般抄寫板書等等的時候，主要的內容和重點標題會占較大的篇幅，只要在它的旁邊再畫條線分爲二等分即可。

在三等分中，最中間的那部分，當你一邊抄寫主要的內容時，當下所浮現的疑惑或想進一步了解的、新點子等等都可以順手記錄在這裡。

然後最右邊的部分，則是將之後對左邊二部分的內容進行查證的結果寫上去。只要有疑惑，就要試著去查閱書籍和相關資料，或是直接問對方看看，然後將答案以及結果寫在筆記的最右邊。

另外對重點和新想法也是一樣，要展開各種查閱和探究，之後將結果寫上。透過這樣對信息積極地探究和尋求答案之後，你的筆記或備忘錄已經從單純的紀錄翻轉爲有價值的信息了。

而你所做的不過就是將筆記分爲三等份而已。只要這樣做就能讓備忘錄或筆記的價值攀升倍增，這麼簡單的事我想應該不會有人拒絕吧。

製作有用的筆記

為什麼呢?

對於獲得的信息如果不積極的探究尋找答案
便不會記得

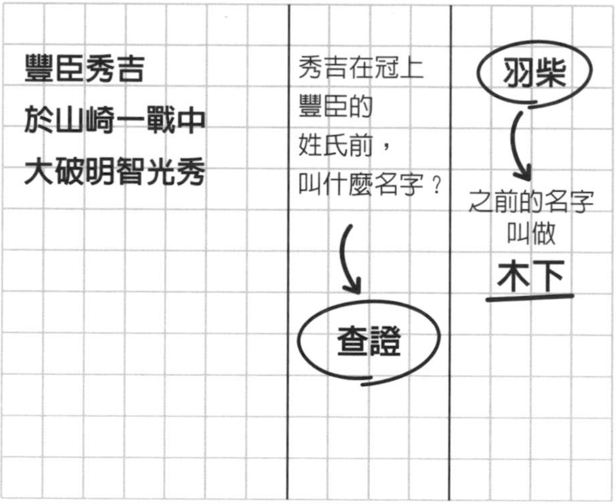
豐臣秀吉
於山崎一戰中
大破明智光秀
秀吉在冠上
豐臣的
姓氏前，
叫什麼名字？
查證
羽柴
之前的名字
叫做
木下

第2章

提升
工作效率的
筆記法

2-1 建立圖像資料庫

雖然在這裡談自己的私事有點不好意思，但我還是要說一些關於我在日本記憶大賽中奪勝的事情。記憶力競賽有很多項目，其中有一些項目會讓對記憶術一無所知的人感到驚訝，像是順序被攤的七零八落的撲克牌以及像圓周率一樣數字隨機排列這類的記憶比賽。

所以雖說是參加記憶力競賽，但如果你的程度只是看過照片然後能將它記住而已，這樣的能力是無法參加比賽的。

我在這裡雖然無法將詳細的方法一一說明，但總而言之簡單的來說，並非是單純的記住卡片或數字而已。

你必須依循某種機制將那些卡片或數字變成圖案，然後記住那些圖案。當那些數字或卡片再度出現時，再將你所記住的圖案轉換回原來的卡片和數字才行。

選手們必須預先將各種數字和卡片分配給各式各樣的人物或物品圖案。例如，假設你將撲克牌的黑桃A設定為「愛因斯坦」圖卡的話，你就必須用愛因斯坦的圖像來記住黑桃A。

為什麼要做這樣的事前準備呢？一切都是為了效率。

因為是記憶競賽，所以所有的競賽項目都有時間限制。參賽選手們的目標則是必須在有限的時間內盡可能記住更多的東西。

如果在正式競賽中才來思考圖案的話不但浪費時間，也無法記住太多東西。所以大家都會在事前就為各式各樣的卡片和數字設定準備好相應的圖案。

這個方法也可以用在備忘錄或筆記上。

如果能夠提前針對思考的方向、當下受到衝擊的程度以及接下來必須要做出的應對措施等等找到記號、標示或是插圖的話，就能夠大大的提升速度和記憶兩方面的效率。

舉例來說，想要表示彼此相關的標記，如果用「↓」就很方便易懂。我們如果光是將一堆紛沓的信息寫下來，之後回頭要再去檢閱統整內容時會變得非常困難。因爲你已經想不出自己當初做筆記時的思路。

因此，光是↓這個記號能做到的雖然只是串連各種信息，但卻能將「邏輯的思路」、「劇情的發展」變得更明確且成爲有價值的筆記。同理可證，代表「等於」的記號「＝」等等這些標誌，在本質上也同樣都是信息的一環，當信息中相互有了共通點的時候用這些信息來標示串聯是相當方便的。

相反的，當出現「對立」或「競爭」的意見或意思時，又或者是兩者對於想法信息是相同的時候，用兩端箭頭「↕」的方法標記也可以讓人較容易理解。除此之外還有許多各式各樣很好用的符號。疑問的時候用「？」，重要的部分用「◎」，尤其是在表示驚訝、受到衝擊的信息時用「！」等等，這些符號都馬上就能呈現效果和意義。如果是會議上的筆記，那麼常出現在漫畫中的對話框絕對有很大的功效。在筆記上標註發言者的名字，然後延伸畫出對話框中寫下那個人的發言或說明，之後再次檢視筆記時對話框的內容就會發揮關鍵作用，不但讓你有臨場感，也能更清晰的回想起筆記的內容。

大家一定要試試準備屬於自己的圖庫讓你的筆記更具有效率。

掌握符號的使用讓筆記更加容易理解

→（單箭頭）

邏輯、劇情的走向、觀察結果的表現

A → B → C

＝（等號）

本質相同的東西、具有共通點的表現

A ＝ B

↔（雙箭頭）

代表對立或競爭時的表現

A ↔ B

?（問號）

有疑問的時候、覺得奇怪的部分

◎（雙圈）

最重要的部分

!（驚嘆號）

特別是感到意外或衝擊的部分

（對話框）

令人印象深刻的言論（要註記發言者）

2-2 在腦中建立自己的書庫

接下來我們要談的讀書，指的不是像小說或散文那類屬於文學娛樂的書籍，而是限定於實用工具書。

由於這類書籍可以讓我們吸收新的知識或是切身習得一些技術，所以可能大多數的讀者都會花點時間仔細慢慢的閱讀。但我自己本身並不會花太多時間在這方面的書籍上。我是閱讀速度很快的人。閱讀速度快的理由，跟我自己本身對書的看法有關。

對我來說，書就像是一個外掛裝置的記憶數據庫。因此在我辦公室的座位，放眼望去可以看到書櫃中所有的書。

我對資料的搜尋流程是這樣的，當需要靈感的時候我會把相關的書籍瀏覽一遍，然後從中找出可以參考的書籍，之後再把書中的詳細信息找出來就好了。

但是如果你要將書籍建立的像數據庫一樣，而且希望以後容易檢索的話，你就必須掌握這些書的內容。也就是說，必須知道關於這本書整體的概念到底在講什麼？並且了解貫穿整本書的主題和邏輯發展。

當你著眼於這個部分並理解之後就可以掌握到這本書的架構，而書中的細節將會成爲潛在記憶留存於腦海中。

當你之後需要查閱檢索書籍時，這些潛在的細節會是非重要的關鍵。「咦？這個想法好像在哪裡看到過？」當你出現這個想法時，那些細節就成了在查閱書籍時的重要線索。

即便如此，但只靠這個方法的話，經過時間的流逝，再重要的記憶也會逐漸變得薄弱。爲了避免這樣的事情發生，我們讀書的時候必須和另一個方法一起使用。

這個方法便是在自己認爲重要的地方貼上便利貼。

畫線等等這些事都不要再做了。因爲閱讀當下覺得重要的部分，事後再讀一遍時，常常會覺得並非如此。

但只要用筆畫了就擦不掉，就算是用了即可擦的筆來畫重點，事後也需要花一些時間去擦掉它。

而且一旦書中各種線條林立，如果遇到要使用數據庫的時候，會因爲信息量過多而讓搜尋成了一件麻煩事。

如果使用便利貼的話隨時都可以撕掉。在貼了又撕，撕了又貼的反覆過程中，最後被留在書上的便利貼自然就成了最重要的部分。

就這樣一邊掌握了對整本書的概念，然後一邊在重要的地方貼上便利貼，這種讀書法是讀完一本書最重要的功課。

另外，應該爲書的每一頁都準備一張小便條紙。一般普通的紙也可以，但是書的第一頁一定需要用貼的，所以最好準備有黏性的便利貼較爲方便。現在市面上所賣的便利貼有各種尺寸，如果可以的話稍微留意一下大小。

當你讀完一本書之後馬上就要在便利貼上寫下重要信息，尤其在最初的幾行最好寫下對整本書粗略的概念。

接下來要寫的是貼有重要便利貼的部分，記的內容以頁數以及經過濃縮之後的重點信息爲主，盡量以簡短的「關鍵字」或「概要」來表現。

另外也推薦各位寫下簡短的「心得」。

讀書的時候如果按照這個方法流程進行的話，以後遇上「咦？我好像看過和這個相關的東西喔？」的時候，你馬上就可以循著線索找到相關的書籍，然後經由首頁的便籤上所寫的備忘錄，就能容易且清晰地想起這本書的內容。像這樣把書當成知識的記憶數據庫是很有用的作法。

在腦中建立書的數據庫

1

在覺得重要的地方
貼上便利貼

2

把貼有重點便利貼處的
頁面內容寫在一頁大小
的便條上，或是簡短的
心得也OK

「輕鬆冥想」

感想

非常驚訝只花一分鐘就能
讓腦袋變得清晰。
明天開始進行。

彙整

P9.呼吸均勻地把氣
慢慢吐在手掌中。

3

不斷重複這個做法，
腦中便能建立書的
數據庫

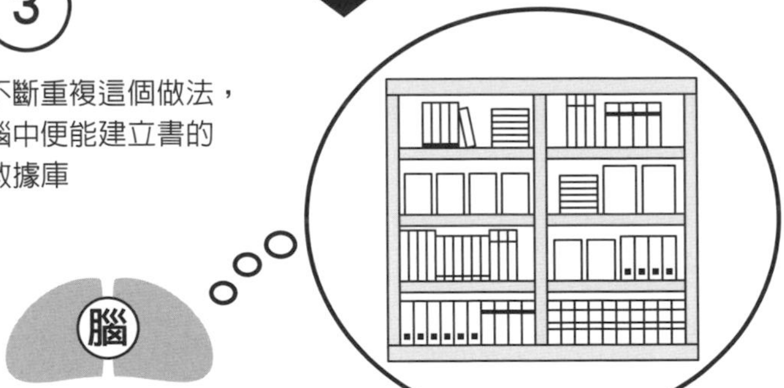

2-3 用白板活化自己的大腦

開會或洽商的時候大家應該都經常使用白板吧。因爲在場參與的所有人都可以同時共有信息，眞的非常方便。

說到白板的使用，可能大家腦中浮現的都是許多人集合在一起時的畫面。但對我來說，白板卻是一種個人思考時相當重要的工具。

當我要製作一些文件或撰寫文章的時候都需要先打草稿。我會將這個草稿的基本概念，也就是最初原型想法寫在白板上。

事實上讀者們現在手上這本書的最初概念也是源自於白板。

在進行原稿創作的時候，可能會有許多較爲粗糙的想法是之後用不上的，但是我們仍然必須讓這些腦力思考順利進行，一直到最後的定稿爲止。

我其實是在一個偶然的機會中開始使用白板的。

當初我經營一間補習班，所以每一間教室都有很大的白板。這些白板一開始就存在，但用途卻僅止於上課寫板書而已。有一次我在教室時，突然發生了一件很緊急的事情，讓我不得不馬上思考並整理資料。

我在思考的時候有不斷走來走去的習慣，那個時候我也是不斷的在教室中一邊徘徊一邊在腦袋中整理整件事情，這時突然間出現了一個不錯的想法讓我想要趕快寫下來。

但是當時手邊沒有筆記或便條紙，沒有其他辦法之下我只好將想法寫在白板上。

結果，一開始寫下的中心概念，卻不斷延伸出更多更廣的想法，於是我將那些想法一點一點的添加上去。

我認爲之所以有這樣的效果，大白板是一個重要的原因。白板的面積不可思議的增進了我的思考能量。

而另外一個重要的原因，我認爲寫的內容只要自己看得懂就好，所以可以不在乎是否美觀，自由地盡情發揮，在這種沒有壓力的狀況下更能自在地發揮想像。

寫在白板上的內容有單字，也有短文。有時甚至會寫上幾乎一頁分量的文章。不僅如此，有時也只用圖案和插畫表示。

而且我認爲效果最棒的就是在從稍微有點距離的地方，去瀏覽整個被寫得似乎雜亂無章的圖案和文字。因爲，在觀看整體內容的同時，更容易產生新的聯想和創意。

一般的筆記或雜記本的話，我想是無法做到這一點的。現在我只要是想寫文章這類需要創作思考的時候大致上都會採用以下的固定步驟來進行。

1. 在房間一邊來回走動一邊思考。

2. 一想到什麼馬上寫在白板上。

3. 從寫下的東西開始聯想，如果有更多想法就寫下來。

4. 寫到一定程度之後，停下來稍微後退幾步，瀏覽一下全部內容。

5. 如果又想到什麼就再添加上去。

6. 告一個段落之後用手機將白板上的資料拍下來。

7. 拍過照後把白板擦乾淨，再讓自己重新回到1的狀態。就這樣重複這個流程。在這個過程結束後，再將手機拍下來的那些資料用電腦打成文字初稿。

這個時候也許還會追加一些新的想法，但是其實大多都在刪除一些多餘的內容，所以其實是非常有效率的一種工作方式。

活用白板的方法

①

在房間裡一邊走動
一邊思考

②

只要一想到什麼
就馬上寫在白板上

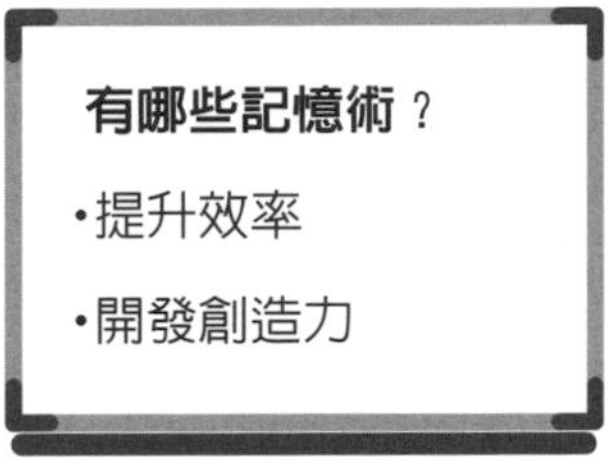

③

寫到一定程度之後
試著綜觀瀏覽一下全部
如果想到什麼再繼續寫上

④

告一個段落之後
用手機拍下白板上的
資料後再擦掉

2-4 令人驚訝的便籤彙整法

前面已經介紹過在初期階段關於概念和想法的統整方式。這一節我想要介紹的是製作企畫書等文件資料的蒐集彙整方式。舉例來說，就是我在企畫一本書時針對各個項目的整理，也就如同製作目錄時的整個流程。這樣的概念和做法也適用於報告或是其他文件的製作。

在用這個方式之前，我也用過其他的方法，像是心智圖法等等的思考工具或使用便利貼，就我個人來說最適合也最好用的還是接下來要介紹給大家的「便籤」彙整法。所謂便籤，就是像七夕的時候把祈願或是短歌、詩詞寫在上面用的長條形的紙張。

我將B5或A4大小的影印紙縱切成二等分之後使用。在長條紙上寫下和書裡目錄中的項目相對應的標題等等。一張紙只寫一個項目就好。

前面介紹的利用白板等等方法，是用來統整書籍本身全體的概要。之後，我們在這個概念的基礎上將相關的項目標題寫在便籤上。只要是想得到的，都可以一個一個寫上去。不用在意究竟寫了多少，因爲之後還能調整，所以無須拘泥於這些內容的品質。

將每一張寫好的便籤分別貼在牆壁上。至於貼的順序也完全不用在意，如果還想著去思考順序的話，反而會降低你的效率。將所有的便籤都貼到牆上，等到一定的程度後，再整體瀏覽一次。

看過之後將這些便籤中具有「相同性質」的分別找出來，先確定便籤的排列方式，然後把這些便籤重新整理再更換位置。這個做法持續做到某一種程度的話，就會出現書中的「節」，再繼續的話甚至連「章」都能擬出來。

讀到這裡的讀者中，一定有人覺得那就用便利貼不就好了嗎？但其實我有不用便利貼的理由，關鍵就在便籤的大小。

以系統化來說，便利貼確實也有相同的效果。但是一般市售的便利貼對於我們需要書寫的信息來說尺寸卻是太小了。雖然也有比較大的便利貼，但是以成本來考量的話，還是用影印紙最爲適合。

爲什麼我這麼堅持紙張的大小呢？因爲我希望除了項目中的標題之外，和項目相關的參考文獻以及參考書籍的標題也能被寫進去。甚至是資料中重點所在的頁數和行數也夠記下來。這樣一來對於內文的完成會非常的方便。

此外，當下如果腦中浮現了這個項目中想要使用的詞彙用語以及邏輯的展開方式等等的話，也可以直接寫在便籤上。

這樣一來，這個階段之後需要的參考資料就已經都準備齊全，項目中內文的架構組成也越來越完整，對之後要進行的作業也就越來越輕鬆。

使用便籤式的備忘錄來統整

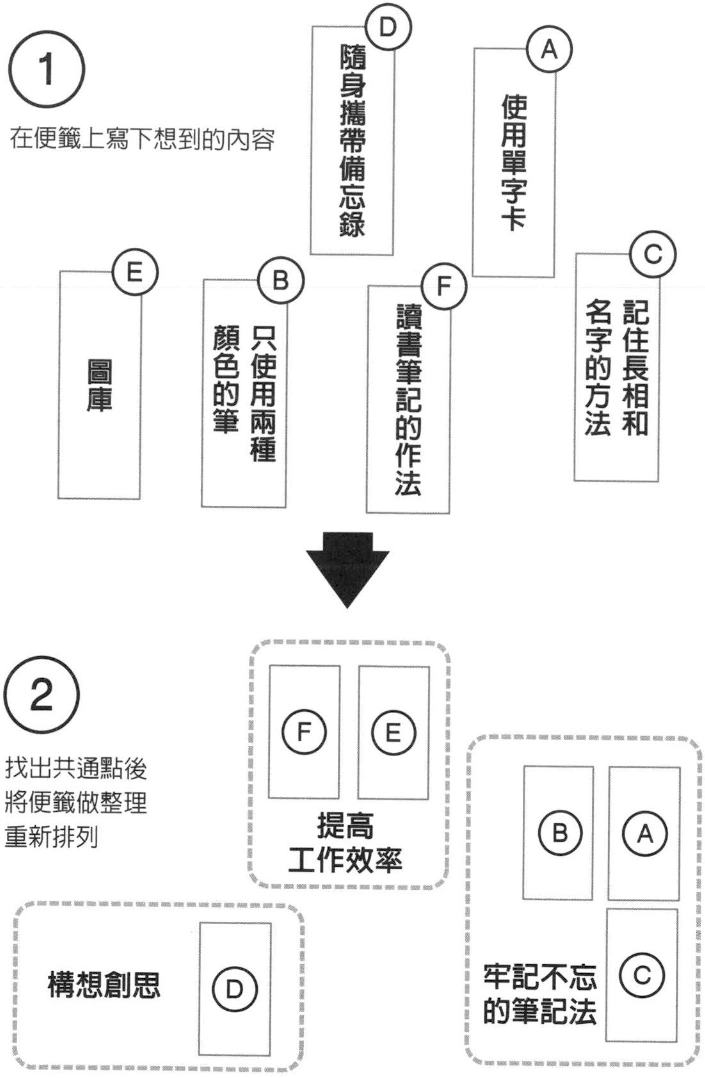

第3章

開發創意的筆記法

3-1 在浴室放一本筆記吧！

大家都是在什麼情況下想到一些好點子呢？可能每個人的情況都有所不同。有人是躺在床上快要進入睡眠狀態時，也許是清晨張開眼睛那一瞬間，或者是搭電車上班的途中，各種情形都可能發生。以我自己長年的經驗來說，我最常出現新點子而且能夠馬上用自己方式掌握住的時刻，主要出現在下面三種情形下。

以靈光一閃的頻率發生度來依序列舉的話，第三順位是行車中的時候。但這是有條件的，那必須是平時你走慣了的路。如果是一條不熟悉的道路或是高速公路的話，通常不會有什麼靈感。

第二順位則是出現在慢跑中。這也是必須在平常熟悉的路線中才行。有時候在路上跑了一會兒之後會忽然靈光乍現。

而遙遙領先的就是洗澡的時候。但並非是在泡澡時，而是會發生在清洗身體的時候。

我自己分析以後發現了其中的共通點，就是即便我們的身體不停的在動著，但那些動作卻是無意識中也能完成的事情。由於動作時不需要意識和思考，所以不需要浪費大腦的資源就能完成工作。

我認爲這是我們的大腦爲了不讓身體的動作分散了我們的思考能力，所以在這時營造了容易產生創意的環境。

那麼，好的創意到底是如何有系統的產生呢？

一個好的創意一定出自於好的概念或想法。好創意的基本要素絕不會是一種零的狀態。我認爲那些已經記憶在腦中，乍看之下毫無關聯的各種信息，可能在某一時刻某一偶然的催化之下產生了化學反應，然後才會忽然出現出一個好的創意。

這些演變流程是由我們的腦部自動作業完成的。

所以某一天，就像我的前三順位一樣，當你的大腦處於一種毫無壓力的狀態時，腦中的那些有機物質和信息就會自動相互連結讓你靈光一閃。這樣子的過程有點像是正在孵化的雞蛋破殼成小雞，心理學上來說就叫做「孵化效果」。

但是這樣的過程會有一個問題，那就是沒有人能預料到這個「靈感」什麼時候會出現。所以當受到連結啟發的靈感出現的時候，如果你沒有準備好筆記的話，恐怕就會和這個重要的創意失之交臂了。

所以我總是隨身攜帶著筆記本。

我靈感來源的前三位是開車中、慢跑時和洗澡時。做前二件事情時根本無法拿著筆記。所以當我在開車或慢跑時便會隨身帶著錄音筆。

至於洗澡的時候我試過許多方法，最後用的就是在「前言」當中介紹過的防水筆記。浴室中，最不可或缺的就是一支能夠寫在已經濕掉紙上的原子筆。這種筆利用壓縮空氣將墨水加壓出來，所以可以寫在濕掉的紙上。

即便你已經做筆記認眞到這樣的地步了，但筆記的內容卻未必能展現出百分百的效果。

很多人可能會覺得那應該就是沒有價值的東西了吧。但是這些筆記究竟是不起眼的小石頭，還是內藏寶鑽的原石呢？這個時候沒有人知道它的價值何在。所以總之還是把能想到的東西好好的記下來吧！

我個人產生靈感的時刻 TOP3

第1名 洗澡時

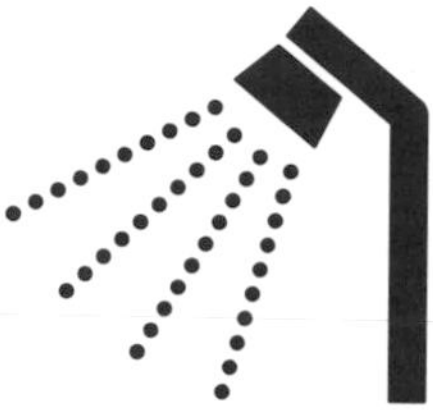

用防水的
文具用品記錄

第2名 慢跑時

利用錄音筆記錄

第3名 開車時

利用錄音筆記錄

不錯過好點子
的機率UP

3-2 產生靈感的小技巧

這個章節並不是要馬上教大家用一些邏輯思考的方式找到答案。而是要介紹給大家一些能夠突然產生靈感的契機。首先說明一下應該要如何運用大腦才能夠產生靈感。

前面介紹過，大腦之所以能夠出現一個好的構想或創意，那是因爲我們的大腦充分運用腦中的各種信息，然後那些信息相互產生化學反應因而產出新的想法。

其實無論是我或者各位，在日常生活中都已經使用了無意識狀態下的腦能力。

那是因爲我們日常生活中的行爲有幾乎9成是來自於無意識下的動作。例如，像是從家裡出發到學校或公司時，因爲是每天走慣了的路，而且目的地都相同，所以每次通勤時並不需要特別去思考該怎麼走，而是很自然地就採取行動。如果每次出門前都要思考的話會大量的消耗掉我們的腦力。爲了預防這樣的情形產生，我們便下意識地讓大腦自行操控我們的動作。那麼假設我們將目的地換成自己的目標或其他事情，只要讓這些目標或事情進入我們的下意識中，那麼我們的行動就會自發性地朝距離目標最近的方向前進。

即便如此，爲了達到這樣的效果，我們對大腦還是應該要進行一些策略或方法。到底要怎麼做大腦才能夠和我們共享並了解我們的期待和需要呢？

有一個方法能對大腦起關鍵性的作用，讓大腦可以自動的操控我們的行動。那就是在最初的時候讓自己的大腦拼命不停地思考運轉到筋疲力竭。藉由拼命的思考，讓我們的大腦處於一種即使當場沒有好的想法，但卻還是能下意識的表達自己意見的狀態中。我們如果不停地思考記憶，那麼大腦就會看到這些東西的重要性，也會隨時做好運作的準備。

另一件重要的事，當你拼命的思考記憶之後，就不要再記掛著這件事，也就是說，把它放一邊去吧。藉由以下的兩個過程來確保腦中構想的成熟時間。

①給予大腦壓力。

②轉移意識讓它從壓力中解放。

話說雖然一開始的時候必須非常拼命的思考記憶，但不要忘了思考的時候同時進行「書寫」是一件重要的事。事實上「書寫出來」這件事可以幫助我們擴大思考範圍，所以是一種必要的手段。

在第一章中，我們已經介紹過關於「工作記憶」這個大腦的機能。簡單的來說就是我們的大腦僅能在有限的時間內發揮像筆記一樣的功用，但其實除此之外，它還有更厲害的功能。

那就是當我們在思考的時候，它能夠牽引出那些可以提供我們參考的過去的記憶，來讓我們和現在相互參照。

也就是把現在腦袋中的東西和過去記憶中的信息對照結合起來。正因爲有這個功能，所以我們的思考範圍才能有擴展的空間。

因此當我們在思考的時候，雖然都希望工作記憶可以全速運轉，但是之前也講過，它的容量實在是少得令人感到無奈。爲了彌補這些過少的容量，我們必須用「書寫出來」的方法彌補。一旦想到重要的事情就馬上寫下來的話，工作記憶量就會變得較充裕，這也就是我們的思考能夠漸漸擴展的原因。接下來我們要介紹利用大腦特性的二種筆記法。

3-3 ①提問筆記法

即便只是單純地思考也一定有一些目標是你想達到的。如果能夠透過這樣的思考讓自己想要的東西自動地傳達給大腦的話，是一種最理想的狀態。要達到這種狀態我們使用的方法是「提問」。如果只有一個含糊的想法，對思考來說非常困難。但是如果一旦提出問題，思考的方向就會朝向答案集中，這樣一來反而能集中注意力思考。而且大腦也會在不自覺中針對問題提出解答，所以是一石二鳥的好方法。

那麼我們接下來就說明具體的方法。

首先要將提問寫下來，這時候用的紙最好是像影印紙那樣一張一張零散的紙張，那會遠比筆記或是記事本來得順手。大小要A4以上的尺寸較為合適，然後橫放書寫。

一開始就像畫圖一樣在中心寫下問題。之後，你必須針對問題的答案開始不斷的思考。在這個階段你的想法會很迷惘徬徨，但是沒有關係。我反而更希望你的想法一直不斷的擴大。但是一定要記得將你的想法寫下留存紀錄，千萬不要就這樣任由思緒飄散不見了。

無論你想到什麼，不須完全寫出內容，只要用「關鍵字」代表就好。

然後像下頁圖片一樣，請在問題的周圍寫下關鍵字並畫出線條連結到問題上。這個階段，你還不需要去斟酌考慮這些答案是否正確。總之只要是想到相關聯的關鍵字，都毫不遲疑地寫下就對了。

前面也提過在這種情形下使用這樣的筆記法，最主要目的並不是找出正確答案，而是在於讓大腦知道我們想要的東西。

寫下的關鍵字如果能讓你的概念和想法增加，也請一樣繼續寫出關鍵字然後用線條連結起來。紙上的信息無論過多或過少都無法刺激大腦活化，所以我們的目標大致上是寫到紙的50％多一點就可以結束了。接下來要將這張紙貼在平時容易看得到的地方。就算有時只是放空呆呆地看著也沒關係。因爲你的大腦已經接受了提問，也就進入了構思創意的階段，這時候的重點目的是激勵自己不要偷懶。

接著就是構想的孵化等待期了。

提問筆記的寫法

① 準備 A4 大小的紙張

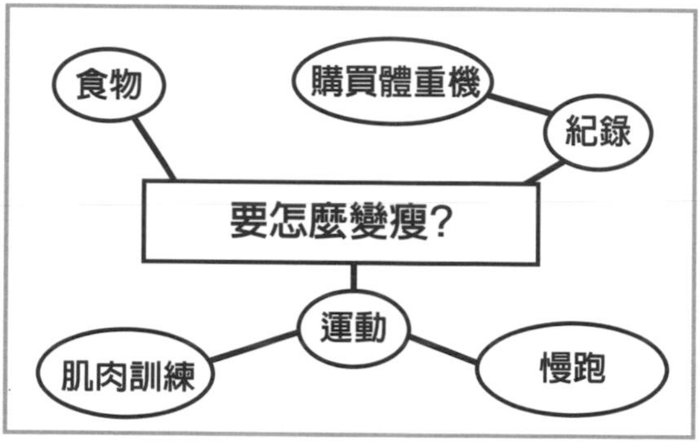

在紙的中間寫出問題，每當有想法時就寫下「關鍵字」。當想法越來越多時，用線條進行連結。

② 把提問筆記貼在平時經常看得見的地方，大腦就會不知不覺地產生新點子。

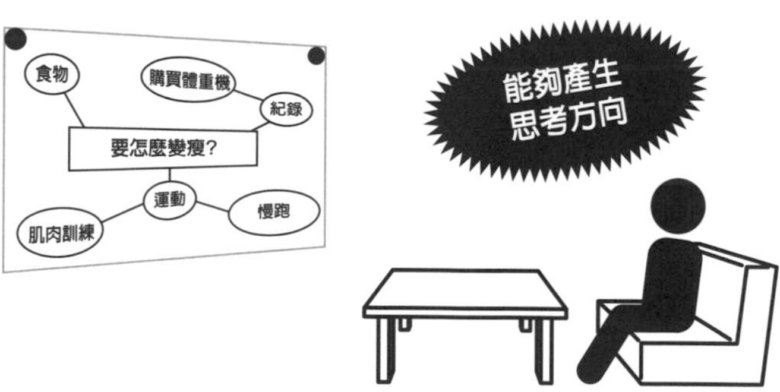

3-4 ②關係圖筆記法

接下來要介紹的是，當你在搜尋關鍵字之間的相互關係時，能夠讓你自然而然更深層思考探索的方法。這次我們的紙張一樣用的是一張張的影印紙，大小在A4以上，也是橫向使用。由於上一篇的一連串提問，我們已經打開了思考的開關。這一次我們要用「聯想」的方式來引發出新構想。

和前面一樣，我們同樣在紙張的正中心寫下需要靈感的主要關鍵字。

例如，像是「簡單就能○○的方法」或是「第一次○○」等等，只用簡單的字眼或是單字代表主要關鍵字都沒關係。

然後從那個關鍵字開始聯想，把想到的插圖等等畫下來的話，在腦中也會留下有趣的印象並有加深記憶的作用。

以這個爲起點開始的各種聯想而產生的點子，之前我們都是將他們以單字的形式寫在紙張的中心附近。但這次稍微有些不同的是，我們不需要再一邊想一邊寫然後再用線條連結彼此。

任意的在紙張空白處，不須刻意地在乎順序，只要寫下你想到的東西即可。雖說不用刻意在意順序，但是相關聯的概念盡可能寫在附近，之後會比較容易觀察整理。

這次我們的目標也是大約只要寫到紙面上50%以上就可以結束了。寫完之後首先請你做一次整體的瀏覽。你會發現，那些經由你聯想產出的概念，再被你隨機寫在紙上的關鍵字當中，應該有些是有關聯性的。當你發現他們之間的關聯性時，再將它們用線連結起來。

然後在連結的線上面，寫下他們共同的代表性字眼。例如，用「愉快的假日生活」爲中心點的話，聯想到的「讀書」、「旅行」這兩個關鍵字的代表字眼就是「興趣」。而「溫泉」、「音樂」的代表字是「放鬆」等等。

當線連結完畢之後，接著必須做的就是探索更上一層的概念，所以必須把各自的關鍵字用線條圈起來，然後整理出更上一層概念的代表性字眼。例如，前面說到的「興趣」和「放鬆」兩者的共通點就是「療癒」。

到此爲止相關的圖表筆記已經完成了。和問題筆記一樣，張貼在平時經常可以看到的場所，藉由經常性的瀏覽讓大腦產生作用。

讓思考更深入的關係圖筆記法

① 將關鍵字寫完後，發現有相關聯的關鍵字
就用線條連接起來。

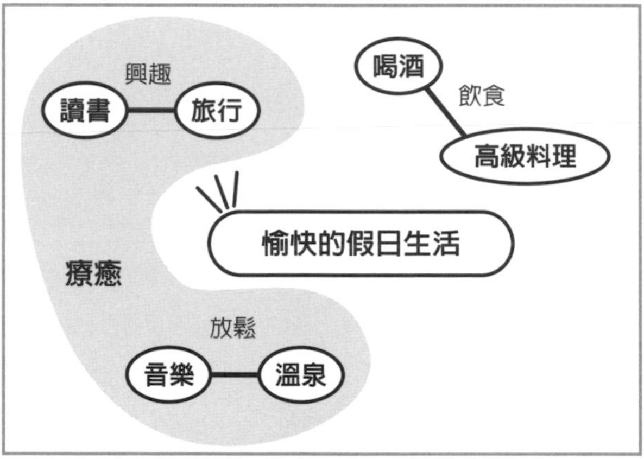

② 貼在經常看得
到的地方

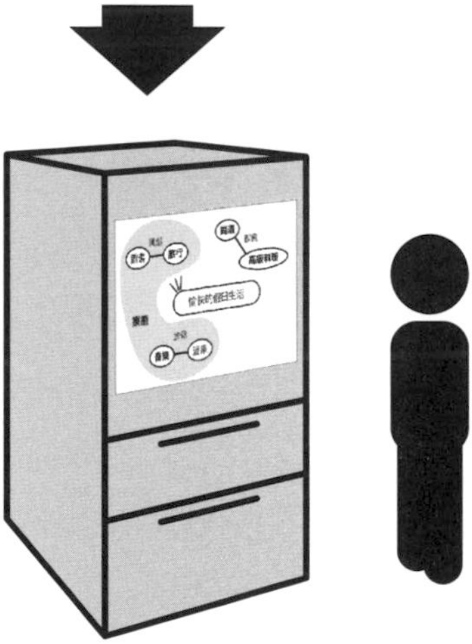

3-5 升降梯式創意筆記法

當我在學習某種新的東西或是想習得某種技能時，我會按部就班地照自己的程序進行。

首先我會一邊不斷地反覆提出疑問：這個知識或技術爲什麼是這樣子的？然後一邊慢慢地探尋更深一層的概念，然後用你自己能夠接受的程度、方式去理解新事物或技術的本質。

只要做到這一點，你也能夠發展出屬於自己獨特的某種具體學習方法。因爲只要你能夠掌握事物的本質，就可以確認新的方法是否妥當適用。

這裡我要用自己作爲具體例子，到底我是怎麼提升自己的記憶力呢？我向大家說明我對記憶力這件事探索認知的過程。

在我決定參加記憶力競賽的時候，世界上已經有很多類似有具體名稱的比賽。這些比賽是從很久以前就流傳持續到現在的，所以當然是有效性的比賽。

但是其實最初我並不是毫無疑惑的依循這個方式去進行競賽。

爲什麼這個方法可以讓人記得又多又久呢？我最想知道的是其中的關鍵。

因此一開始我把許多的記憶術的方法相互比較，之後才發現，在眾多的記憶術當中都有一些共通的要素存在。

所以，的確一開始我所蒐集網羅的記憶術中都是具有共通點的。

就如同下圖中呈現的「圖像記憶」、「衝擊記憶法」、「運用聯想」、「進行連結」、「比起只背誦文字更有趣」等等方法。

然後「回憶」又成爲這些共通點相連的元素，甚至更深一層的「情節記憶」、

手扶梯式的發想筆記

只要牽動情緒、刺激扁桃體
就可以讓記憶力UP ↗

↑

然後呢？　**開始探索腦部結構**

↑

在哪裡產生的？　**大腦**

↑

記憶是什麼？　**情節記憶**

↑

似曾相識？　**回憶**

↑

共通要素？
- **不用文字而是靠圖像記憶**
- **進行連結・運用聯想**
- **具衝擊力的印象**

↑

既存的記憶術？
- **連結記憶法・故事記憶法**
- **位置記憶法・記憶鉤 法**

「大腦」這樣的關鍵字都是。

甚至我們已經談到了「大腦的結構」這個關鍵字。也終於了解到最終能讓記憶力提升的重要條件是「牽動情緒」這件事。

在我們的大腦中掌管記憶的「海馬迴」旁邊，有一處叫做「扁桃體」的區域，當我們產生喜怒哀樂等情緒時，扁桃體就會活化產生反應。當它產生反應，海馬迴就會受到刺激進而強化記憶。

由此我們可以得知，爲什麼有許多的記憶術是利用圖像來進行記憶了。一般平常的各種學習大多都是靠文字信息記憶的較多，但老實說，只是這樣死背實在是很無趣的事。因此將那些枯燥無味的文字信息換成具有刺激性的圖像就能夠自然地牽動我們的情緒。

我就是像這樣藉由掌握記憶術的本質，所以才能夠創造出屬於自己獨特的記憶術。

讀著們如果也能漸進的掌握升降梯式筆記法本質的話，以後無論做什麼都會很方便。

思考的程序是：

①找出各式各樣的共通點。

②思考並探索爲何這些要素是必要的？

③然後再一次繼續產出一些關鍵字。

由此不斷的重複練習，一直到自己已經達到必要的階段爲止。

另外，當你掌握這個本質之後，再藉由往下探索的動作還能夠更深入的了解並吸收這些知識和技術。

3-6 創意馬上來

前面我們談過，在有些時候，你連等待培養靈感的時間也沒有，馬上就需要好的點子，這時該怎麼辦呢？其實針對這種情況也有很方便的方法可以介紹給大家。

美國著名的廣告大師詹姆斯・韋伯・楊（James WebbYoung）所寫的《創意，從無到有『ATechnique for Producing Ideas』》一書中就直言指出「創意不過是既存舊的元素重新再組合而已」。我們書中也提過，所謂創意並不是由零開始生產的東西。

如果你將以往看待事物的角度稍作改變，換一個方向來看事情的話，你會發現其實有非常多其他有價值的東西藏在其中。

現在要介紹的方法就是教你如何先改變你的觀點後，將新的架構套用在舊的概念上，讓它昇華爲一個新的創意。

這個方法叫做「SCAMPER創意奔馳法」，有七個重點。

SCAMPER是由幾個英文字的頭文字組合而成。S是Substitute（替換），C是Combine（整合），A是Adapt（應用），M有二個字，分別是Modify（修改）和Magnify（擴大），P是Put to other uses（其他用途），E是Eliminate（刪除），R有兩個意思，分別是Reverse（改變）和Rearrange（重組）。

這幾個單字的頭文字組合起來就是「SCAMPER」。例如，將既有的某種商品或是服務、業務內容、製作方法以及應用系統等等已經存在的東西，再機械性的套用以上的七個重點之後，就能產生一個全新的創意。這就是「SCAMPER創意奔馳法」的概念。

Substitute（替代）＝是否有新功能或材質可以取代現有的？
Combine（整合）＝能否和其他的物品或功能整合使用？
Adapt（應用）＝能夠加入套用在現有的東西上嗎？
Modify（修改）＝是否有改善或修正的空間？
Magnify（擴大）＝是否有擴大的空間？
Puttootheruses（其他用途）＝除了現有功能之外，能否有其他用途？
Eliminate（刪除）＝哪些功能可刪除或減少嗎？
Reverse（改變）＝如果和現狀相反會有什麼變化呢？
Rearrange（重排）＝現在的作法、順序是否能夠重組？

你何不將以上的這些問題清單套用在需要面對的課題上，然後從多方面角度改變你的觀點來產生新的創意呢？

我們用一個較容易理解的例子，假設你身為橡皮擦製造公司的企劃部負責人，當你想生產新產品的時候如果使用SCAMPER創意奔馳法，就會有下列的提問出現：

（S）替代＝是否有其他東西可以取代橡皮擦？

（C）整合＝橡皮擦能否和其他的東西結合使用？

（A）應用＝橡皮擦能夠用在其他的東西上嗎？

（M）修改＝目前的橡皮擦是否能做些什麼樣的改變（材質、設計等等）？

（M）擴大＝現有功能之外是否有其他附加價值？

（P）其他用途＝除了現有功能之外，能否有其他用途？

（E）刪除＝目前的哪些功能可刪除或減少嗎？

（R）改變＝和橡皮擦相反的功能有哪些呢？

（R）重排＝能不能將橡皮擦的定位擴展到在文具以外的物品上？

就像這樣，你隨著上述的提問清單進行想像思考。

經過這樣的思考也許不是每一個問題都能獲得解答，但至少可以避免腦袋一直來回兜圈子，又能達到提高思考效率的標準，這一點是無庸置疑的，請大家務必試試看。

瞬間激發創意的 SCAMPER 創意奔馳法

Ⓢubstitute（替代）
➡ 是否有新功能或材質可以取代現有的?

Ⓒombine（整合）
➡ 能否和其他的物品或功能整合使用?

Ⓐdapt（應用）
➡ 能夠加入套用在現有的東西上嗎?

Ⓜodify（修改）
➡ 是否有改善或修正的空間?

Ⓜagnify（擴大）
➡ 是否有擴大的空間?

Ⓟut to other uses（其他用途）
➡ 除了現有功能之外，能否有其他用途?

Ⓔliminate（刪除）
➡ 哪些功能可刪除或減少嗎?

Ⓡeverse（改變）
➡ 如果和現狀相反會有什麼變化呢?

Ⓡearrange（重排）
➡ 現在的作法、順序是否能夠重組?

第4章

加強行動力的**筆記法**

4-1 只要4分鐘讓自己充滿幹勁的方法

無論是以前學生時代或是工作方面以及個人，都經常有需要寫文章的時候吧。像是論文、報告、企畫書、部落格等等。

如果能夠隨時寫得出來當然沒問題，但現實並非如此。很多人一定有這樣的經驗，當你一旦想要寫點什麼，卻完全提不起勁，事情就因此勢必拖延了吧。

那是因爲你對自己所寫的內容太過要求完美，而這樣的心態在某些地方產生了作用所導致的。

但是無論是多麼優秀的人也不一定一次就能完成作品。他們也必須經過不斷修正、刪減或是潤飾等等階段，才能達到讓自己滿意的水平，產生滿意的作品。

所以無論如何，對內容進行再次的檢閱潤飾，絕對是最重要的一件事。話雖如此，但應該有一些人連一開始下筆都覺得猶豫、不知所措吧。發生這種狀況的時候，我們可以利用大腦中的一個功能。我們的大腦中有一個區域叫做「伏隔核*」，可以讓我們產生拚勁。所以只要刺激這裡的細胞就能讓我們提升動力。但是由於這個區塊的反應不是很敏感，所以我們必須借助一些方法來刺激它。當中有一個最快速有效的方法，就是「趕快動起來」。

比方，如果是文章的話就趕快下筆，如果是電腦就趕快打字。

*註：伏隔核（拉丁語：nucleus accumbens，簡寫記號：NAcc）也被稱爲依伏神經核，是一組神經元，也是我們的「快樂中樞」，可以提供腦部必要的學習動機，讓我們取得自己喜歡、想要或需要的東西。

我想大家也許都有這樣的經驗，就算剛開始有一點提不起勁，但還是勉強自己去做，結果慢慢地越來越進入狀況，當發現時已經投入其中了。這也是刺激伏隔核的結果。

這樣的作法是經由「寫字」、「打字」、「思考」這類實際讓身體動作、讓頭腦思考的方式來刺激伏隔核。伏隔核受了刺激之後，就會產生一種神經傳達物質，可以提高我們的行爲動機。

雖說有了開始就是一件好事，但接著非常重要的是，如何去長時間維持你全力衝刺的速度。

所以接下來我們來談談一個行爲從開始到結束應該要維持多久才是基本標準。

美國著名的心理學家雷納德・佐寧（Leonard Zunin）提倡的「黃金4分鐘法則」中表示，不管進行什麼事情只要在一開始的4分鐘內打起精神集中注意力的話，之後就能漸進的樂在其中。

所以一開始下筆的4分鐘內，你的動機必須像火箭離開推進器進入到運行軌道上一樣，不要拘泥於結構和順序那些瑣事，只要持續進行，就能得到高效率又高品質的工作成果。

即使提不起勁也要試試 4 分鐘法則

只要刺激大腦的伏隔核就能提升動力

4-2 紀錄可以讓動機持續

當你有了一個想要實現的目標，那麼要達到目標最重要的就是每天勤奮的持續做一些和目標有關的活動。從另一方面來看也可以說，當你每天都持續同一個行爲或習慣時，就會產生目標。爲了讓行爲每天持續做下去，那麼動機的維持就擔任了很重要的角色。

所以最初動機的設定非常重要。如果以自我實現爲目標的話，那麼動機設定就不能是「和別人競爭」。

人們所擁有的動機，其特性就是一旦動力的來源是和別人一分高下的話，只要一輸給對方便會一蹶不振。

所以如果想要自我實現就必須在自我競爭中，也就是自己的成長中注入喜悅以防止挫折和沮喪，這正是長期維持動力最重要的一點。因此我們必須天天確認自己的成長。而「記錄」正是一個很有用的做法。我自己也正是藉由持續記錄和練習才能獲得日本記憶第一。一開始決定參加日本記憶力競賽時，我根本毫無概念，對於要獲得怎樣的成績才能拿第一？到底對手們有多厲害？等等這些，我都只能在暗中摸索的狀態下進行練習。

所以不容否認，我的練習就等於是在和自己比賽。因此我才會開始用記錄的方式確認自己的成長。我在電腦上製作了各種記錄表，然後將每天練習的結果記錄上去。然後因爲受到記錄表的鼓勵繼續練習，結果就拿到了日本記憶力冠軍。

之後我回想起來，這個記錄表眞的對我幫助很大。

至於對於行動要如何進行記錄，有人會用○或×，或者是△等等符號來記錄。

有的人則會用文字來記錄，像是「今天做得很好」、「普普通通而已」、「不太好」等等來表示也可以。但是這幾種記錄法對結果來說，評估是含糊不清模稜兩可的。

因此我自己的記錄方式都是用時間或是分數等「數字」來記錄。因爲用數字來記錄的話可以客觀的評估自己進步了多少？是否有所成長等等都一目了然。

這樣一來確認是否進步就成了讓人期待的事，進而成爲下一次練習的動力。

例如，你爲了數字停滯不前而煩惱，但你知道這是爲了之後的大幅躍升所必經的瓶頸期，相對的就不再那麼焦躁了。

說到這裡，其實在我們練習當中也許有一些記錄是無法直接用數字表示的。這時候該怎麼做呢？只要將練習的狀況分爲5個階段或10個階段來評估，再用數字表示即可。

你必須事先設定各個階段的程度和條件，如果是5個階段的話，最高分數是5，普通是3，最低就是1。這樣的方式會比經過思考再用文字表達的敘述要更客觀。

爲了持續保有學習動機，大家不妨也開始記錄看看吧。

大概做到不記錄就渾身不對勁的程度就可以了。

針對目標進行記錄
能夠持續保持動力

	4/1	4/2	4/3	4/4
學習時間	1h	1.5h	1.5h	0.5h
跑步	0分	20分	10分	0分
身體狀況 1～5	4	5	3	1

如果是無法量化的紀錄，

就用 1~5 或 1~10 個階段來記錄評估較為客觀

4-3

增加成功經驗提高行動力的筆記

雖然大家都知道任何事不付諸於行動就無法開始的道理，但是要跨出眼前這一步的確不是那麼簡單的事。因為即使我們的大腦理解這個狀況，但我們依然下意識的安於現狀尋求穩定。

再加上這當中也有一部份是因為害怕失敗，如果對失敗的恐懼太強烈就會導致你無法向前邁進。如果你是這樣子的人，要消除這樣的恐懼唯有從根本去改變你的思維框架。

思維框架指的是從出生後生活中所接受的各種體驗和教育所形塑的價值觀、信念等等的思維模式。這樣的框架是由長時間塑造累積而來，所以如果想要改變的話必須要透過一些強烈的衝擊徹底改變你的想法。

談到要如何改變思維框架，大致上來說只要行動的結果不失敗就可以了。可能你會覺得如果真能做到不失敗的話，大家也不用那麼辛苦吧，但實際上那也是取決於你的思考方式。

也就是說「無論以怎樣形式進行的行動所產生的結果，對自己來說都是成功的體驗」這件事是早就已經決定好的。

即使從旁人眼光來看是失敗的事情，只要我們能夠自己改變想法，從中掌握並學到一些新的東西的話，以結果來看，這些經驗對以後來說，都可以稱之爲成功不是嗎？

想要有這樣的思考能力就必須訓練自己的大腦。因此我們必須透過筆記、雜記本、日誌等等文字書寫的方式來轉換想法，接下來爲大家介紹幾種方式。

由於必須回想一整天的活動，所以睡前是最佳時刻。在筆記或雜記本等的每頁正中間劃一條線，變成左右兩大區域。左半邊寫下你所回想的當天活動。如果行動的結果是如自己預期的或是更佳的話，那麼就在右邊的欄位寫下「成功」兩字即可。如果結果不如自己預期或是進行得不順利或是產生不舒服的情緒時，那麼就在這裡進行想法的轉換。你必須要做的就是從另一個觀點來看，在這個結果當中你可以學到些什麼呢？

「因爲了解到成長所需的○○有所不足，所以我是成功的」。

「因爲了解自己並不適合做○○，以後不會再浪費時間了，所以我是成功的」。

「雖然失敗了，但是從中獲得的教訓卻提升了我的經驗值，所以我是成功的」。

像以上這些例子將產生的結果全部轉化爲成功的註解並寫下來。只要持續這樣做，你對行動的恐懼感就會漸漸地變得薄弱。

在面對新的挑戰時也是一樣，你要抱持著這樣的想法，認爲所有的結果對自己的成長來說都是成功的體驗，那麼就能飛躍的提升你的行動力。

不怕失敗的筆記

●無法早起	➡ 了解到一個鬧鐘對自己是不夠的，必須準備 2 個鬧鐘　成功
●無法順利地進行報告	➡ 了解到是因為自己練習的時間不足　成功
●無法在時間內完成工作	➡ 了解到對自己來說這是一個思考如何有效率進行工作的機會　成功
⋮	⋮

只要能夠轉換想法
自然而然的成功經驗
就會增加

4-4 連減肥也有效，讓你提高執行力的方法

一旦有任何大的目標時，爲了達成目標每天都必須不間斷固定的持續進行某些行動。例如，目標是減重的話，那麼每天要做的就是控制飲食的卡路里以及持續的運動。

但是每天固定持續做同樣的事情眞的是一件非常辛苦的事。

原因之一是很容易在不知不覺中時間就溜走了。我自己也有過這樣的經驗，因爲工作的忙碌和處理各種私人的事情，等到想起來的時候才發現忘了每天該做的事。

爲了不讓這樣的事情發生，且能夠確實提高每天執行的準確率，我們也已經在

之前的研究中找到有效的方法。

那就是預先設定行動計畫。

根據研究顯示在行動之前如果決定「什麼時候」、「做什麼」等具體的實行計畫，那麼執行的效率大概會比什麼都不準備來的高二～三倍左右。

這個將行動計畫具體化的方法叫做「若則」計畫（If-Then Planning）」。

所謂的「若則計畫」是一種制定計畫的方法，我們在大腦中建立一個「若○○，則××」的連繫，它是一種強大的連結方式，可以用來有效率的執行我們的目標。當情況符合大腦裡預先決定的條件（○○）時，隨之而來的必定是執行已經設定好的行爲（××）。

例如，以我們一開始談到的爲減重進行若則計畫的話：「If」星期三和星期五工作結束之後「Then」去健身房運動一小時，然後「If」想吃點心或零嘴

「Then」只吃4顆堅果。

就是如此，在符合某種條件的狀況下去設定好具體的行動。在減重以外的事情，例如，讀書或其他方面的學習等等也都可以運用若則計畫法。

像這樣透過被賦予的條件進而執行行動，其實和我們大腦的機制有關。

「若○○，則××」對大腦來說是一個容易理解的信息，所以更容易讓大腦印象深刻。

所以我們要運用這個信息將附有條件的行動計畫深深地刻畫在腦海中成爲強烈的記憶。

這樣一來即便是下意識中也有了記憶，不知不覺時就能完成任務。

這也就是爲什麼常有人不做某件事就會覺得不舒服，而一旦做了之後就解除壓力的緣故。

在執行這個「若則計畫」時只有一件重要的事情要注意。在設定行動時，千萬不要設定像是「不做□□」和「放棄□□」這類的否定用語。這也和大腦的機制有關，當你越是排斥一件事情，這件事情就會離你的大腦越遠，反而會讓你從這件事情當中得到反效果。

所以打從你一開始設定計畫時，就應該要朝「想做的事」、「應該做的事」這類肯定的方向去設定具體行為。然後避免「不想做的事」這類否定的設定。執行這個方法之後雖說可以提高二～三倍的執行力，但也有可能出現無法執行的狀況。這個時候你要檢討看看是否設定的行為難度太高，如果是的話就降低要求，等到達成目標之後再慢慢提升難度就好。

提升 2~3 倍執行力的筆記法

If		Then
星期三和星期五 工作結束之後	➡	去健身房 運動一小時
想吃點心或零嘴	➡	只吃 4 顆堅果
早起	➡	喝一杯白開水

只要持續做下去
即便是下意識不自覺時也能完成

Point

寫下「想做的事」、「應該做的事」等等這類肯定的具體行為

4-5 把目標寫在紙上就能實現

我第一次使用目標達成法，是在參加世界記憶錦標賽獲勝，成爲第一位獲得「記憶大師」稱號的日本人時。因爲這個方法用起來很順手，所以之後除了技藝競賽之外，只要找到新的目標，我也會用這個方法。

這個方法很簡單，只要：「把目標寫在紙上」。

有人可能會覺得「什麼嘛！只有這樣嗎？」，但是我的確從以前就一直使用這個方法，真的是一種具有非常強大效能的目標達成法。

應該有很多人都知道，大家熟知的棒球大聯盟日本選手鈴木一朗（註1）以及知名的義大利職業足球隊AC米蘭身披十號球衣（註2）的日本選手本田圭佑，他們在小的時候對未來的夢想都曾具體且一絲不苟的寫下來。這些都是廣爲人知的小故事。

無論是什麼樣的目標，只要這樣誠心祈願就能達成心願嗎？首先你必須了解達成目標需要的東西或行爲對策，然後把它們運用在日常生活中。只要這樣每天孜孜不倦的累積行動就可以慢慢接近目標。

但是要你經常意識到「爲了達成目標一定要做些什麼□□」，眞的是一件困難的事。

註1：鈴木一朗在〈我的夢想〉的小學作文裡，寫下長大想成爲職業選手。

註2：10號球員球隊的靈魂人物。他們可能是攻擊中場或是前鋒，由於他們是進攻的動力核心，甚至有人將他們譬爲「球場的主人」。

我們在「3-2產生靈感的小技巧」裡面也介紹過，因爲人們日常生活的行爲中有幾乎9成是來自於無意識下的動作。所以來自下意識，不知不覺中的影響是非常大的。像是早上起床到出門爲止的一連串動作、出門後到學校或公司的通勤方式、幾年來都開著車等等，我們下意識地讓大腦自動操控我們的動作。

如果的確是這樣的話，我們將想要達成的目標也烙印在下意識中，那麼在不知不覺的下意識裡大腦就會自動操控，將我們日常的思考和行爲往達成目標的捷徑帶去。我們的大腦在一天當中要不斷的處理各式各樣的信息。就算現在想著這件事，可能接著又會想到不同的事情，這是大腦一貫的運作流程。所以要讓大腦認識我們的目標，就必須讓平時思考的流程先暫時中止，讓大腦集中注意力在我們的目標上。而最有效的方法就是「寫在紙上」。

目標可以寫在影印紙上，也可以寫在雜記本上或筆記上都沒關係。但是在後面會介紹作法，請大家要反覆地看。

也許有人過去曾經將目標確實的寫在紙上但是卻沒有能成功的吧！

事實上只是將目標寫在紙上是不夠的。我們必須再加上運用大腦的天生特性。

首先要做的是利用圖像。大腦天生對圖像就比對文字來得容易理解。如果你想讓大腦強烈的知道你的目標，那麼就必須讓大腦看見圖像。然後在圖像上寫上目標，當你一看到圖像文字時，試著讓你的大腦同時浮現實現目標的喜悅。

如果眞的覺得做起來有難度的話，可以將圖像用插圖或解說圖的方式呈現，或是從報章雜誌中找出和自己目標相關聯的照片等等貼在紙上，這些都是很好的方法。

因爲用了正向的圖像而感到雀躍的心情已能讓腦部感到愉悅，所以會進而想要盡快達到那個狀態。接下來第二個方法是復習。

所謂的目標，是一直持續保持在大腦中的，從這個角度來看我們也可以稱它爲一種「未來的記憶」。

既然是記憶，那記憶的特性就應該能夠被使用。前面也談過，要強化記憶的重要元素之一就是復習。

復習的次數越多越能讓記憶長久保持進而紮根。因此將目標貼在經常看得見的地方，藉由這種方法就可以自然的增加看到的次數。如此不斷復習，就能夠加深目標在腦中的印象。其實這樣把目標寫下來的方法是非常有用的，但以前我對「單單寫在紙上」是很不以爲然的，想必不少人也都有這種想法。

然而實際上確實有靠這個方法達成目標的人。就眞的只是把目標寫在紙上這麼簡單。把它用手機拍下來設成待機畫面也是同樣有效的。大家不妨試試看吧？

寫下目標實現願望

① 將目標和達成時喜悅的心情一起寫下來

② 貼在看得見的地方
放在手機待機頁面也有效

4-6 不安和緊張用筆記來消除

當面臨到最重要的場合時，無論是誰都會感到不安。不安的感覺一旦膨脹，伴隨而來的就是緊張感的提高。雖說在臨場表現的時候適當的緊張所帶來的壓力可以讓我們的能力發揮到極致。但是如果太過就成了「過度緊張」。這時候的大腦會判斷爲緊急時刻，因而沒有辦法對身體下達出正確的指令。

過度緊張會讓原本的實力失去水準，難以發揮。爲了避免這樣的情形發生，在重要場合正式上場之前應該要盡量控制自己的不安和焦慮。

接下來要爲大家介紹消除不安和焦慮的方法。

在介紹方法之前，我先稍微分析一下爲什麼會產生這樣過度緊張的狀態。這和我們之前提過的大腦功能之一的「工作記憶」有關係。

我們的大腦擁有像「記事本」的功能，當我們在私底下心算的時候，大腦會使用工作記憶的功能來暫時記住心算的結果。

也就是說大腦中暫存記憶體的容量雖然不多，但是已經足夠讓大腦從各式各樣的選擇中找到解決的方法。

這雖然是一種非常方便的方法，但也有一個最大的缺點，大腦非常容易受到情緒和精神方面的影響。

一旦我們產生緊張和不安的情緒，這些讓你不安和擔心的事情便會最優先被輸入你的大腦中。

而且由於暫存記憶槽容量有限，因此一下子就滿了。這樣一來你再也沒有其他心思去想別的事情，這就是所謂腦中一片空白的原因了。

爲了避免這種情形，「書寫」同樣是一個有效的方法。美國芝加哥大學的心理學家西恩．貝洛克（Sian Beilock）曾進行一項實驗結果顯示，在正式上場開始之前將「不安的原因全部寫在紙上」，是一種有效消除壓力的方法。

總之，即便是再細微的瑣事只要會讓你不安緊張的都全部寫下來就對了。「到時候忘了怎麼辦？」、「如果緊張到連話都說不出來怎麼辦？」、「時間到了還沒結束怎麼辦？」等等，這些在你冷靜的時候可能會覺得「想太多了」的不以爲然的緊張和焦慮，只要通通把它一個一個寫在紙上就好了。這些內容並不需要給別人看，所以你也不用想太多，不斷地寫出來就對了。

這個方法之所以有效，是因爲你可以親眼看到自己不安的份量有多少？「工作記憶」雖說可算是大腦中的筆記本，但它畢竟不像眞正的筆記一樣能夠讓我們看得到寫下來的東西。

所以我們會產生錯覺，以爲不安的因子不斷膨脹增加到多的不得了的地步。我們只要把腦中所有的不安焦慮實際書寫下來，就可以明明白白地看到令我們緊張的事情到底有多少？

簡單的說，就是親眼去確認讓自己不安的整體的樣貌和內容，然後去杜絕不斷產生緊張的惡性循環。

我自己在正式上場之前也藉由這個緊急應變方法度過許多次難關。

消除緊張不安的筆記法

總之把所有緊張的原因都寫在紙上

●時間到了還沒結束
怎麼辦

●臨時想不起來
怎麼辦

●無法集中精神
怎麼辦

親眼看到不安的份量和內容就能穩定下來

第5章

鍛鍊大腦的「**書寫**」練習

5-1 鍛鍊意志力的「寫字」練習

現在社會中最備受矚目的能力之一就是「意志力」。它指的是針對情緒、行爲、慾望等等的控制能力。最近的研究顯示，意志力的強烈度正是關係到個人成功的重要關鍵。

的確如此，放眼世界，我們很容易可以想到許多在商業、政治、運動等等各個領域中大放異彩的人，他們都擁有強烈的意志力。正因爲他們自律能力較高，所以對自己的目標毫不猶豫就能找到最快的方式達成目標。

另外這裡所說的意志力，也可以說是專注力。也就是說意志力強的人同時專注力也較高，正因爲如此他們才能在許多方面都有較高水平的發揮和表現。

意志力有趣的特性之一就是，越是經常的使用，越是容易被消耗掉。例如，我們以一整天爲例子來說，在這一整天當中你的意志力不會是恆定的狀態，當你必須有一些決斷或是做出一些裁示時，意志力就會慢慢消弱。所以意志力和我們身體的肌力一樣，只要不經常使用或鍛鍊就會慢慢衰退。

但相對，想當然地只要經由鍛鍊，意志力也可以漸漸變得強壯起來。因爲意志力是由大腦駕馭。大腦具有神經可塑性的特質，它能夠因應目的的不同產生變化。如果經由正確的訓練，還能夠不斷新增適合它的神經迴路。

那麼，鍛鍊意志力需要做些什麼呢？

我們必須將平時無意識下做的一些行爲，改變成有必要自我控制的行動。簡單的說，就是將我們平時很自然就會做出的一些動作，改變成如果不集中注意力就無法完成的事情。

像「寫字」就可以用來訓練意志力。一般來說右撇子的人當然用右手寫字和畫畫。長年累積下來當然不需思考就能寫得很流利。

那麼我們就改變這個習慣，改用左手看看吧。因爲以前從沒用過左手寫字或畫圖，當然寫起來一定很生硬不靈活。這個時候你就必須好好認眞集中你的專注力來寫字。

這件事可以鍛鍊自我控制的能力。但是由於它會對許多事情產生干擾，所以我們不能在一整天中都一直用慣用手和非慣用手。我們只選擇每天當中的某一個時段使用慣用手和非慣用手來寫字與畫圖。就像你寫日記一樣，想寫什麼都可以，如果是考量到要訓練的話，我會建議大家可以描畫字帖的字和圖。即便只是描繪也需要集中相當多的專注力。我們的左腦掌管右手的神經，右腦掌管左手的神經，所以利用這樣雙手描繪的方式，去活化大腦很少使用的區域是非常有效的方式。

另外像是雜耍、戲法或是樂器演奏，這些方式雖然和寫字無關，但是同樣都需要使用到雙手，所以也是鍛鍊專注力的好方法吧。當我自己回過頭去看，正因爲這些訓練所以讓我的意志力得以提升。這個訓練有一個小訣竅，你要設定許多短期的小目標，經由重複達成這些小目標累積的成就感，我想它將會成爲讓你持續下去的一種動力。

意志力的鍛鍊

使用非慣用手寫字或畫圖

雜耍或是戲法以及演奏樂器
也能讓你提高專注力

5-2 培養感性的「塗鴉」練習

前一篇介紹用左手練習寫字來鍛鍊意志力和專注力，但是如果從另一個觀點來看，在某種意義上，你也可以說它是一種練習，用來提升大腦建立新迴路的能力。

在這篇中同樣要介紹能讓大腦建立新思考模式的練習。

大腦會經由經驗和學習來建立不同的思考架構。我們舉搭電車的例子就可以明白。即使是第一次搭乘的路線，只要購買車票或使用電子票證就可以搭乘，一旦理解這樣的模式，就不會有任何困難。

電腦的操作也是同樣的道理。即使你現在是使用Windows系統的電腦，當你改成使用Mac系統操作時，又或者是兩者相反的時候，基本上不會出現完全不會操作的情況吧。感覺應該是會有某些程度的操作能力。這也有可能是因爲使用的都是操作電腦的思考模式。

另外像是閱讀的時候等等，也都是因爲大腦擁有各式各樣的思考架構，所以能夠藉由參照比較來幫助我們理解內容。

像這類運用各種思考架構來順利解決應對各種事情的能力，對我們的日常生活來說是不可或缺的，但是如果過度的被框架所困住的話，那麼當你想要打破以往模式、創造新的事物時，這個框架很有可能會變成一副枷鎖，讓你動彈不得。如果想要打破舊有的習慣取得突破性的觀念光靠理性是不夠的。這時候我們需要的是感性的力量。但是我們的大腦在一般思考模式下，經常處於需要能夠持續的用理性運作的狀態，所以很難單純的進行感性的訓練。

所以在這一篇中我想要介紹大家如何去抑制理性的運作，並進行感性的練習。

那就是仿畫的練習。

仿畫的圖可以是照片或是別人畫的圖，甚至是插圖也沒有關係。但是仿畫的時候要將那張圖畫的方向上下顛倒放置，然後再進行仿畫。

爲什麼要這樣做呢？因爲如果按照一般認知的方向放置仿畫的話，不知不覺中你又會自然地運用理性來進行工作。例如，我們現在要用一般正常的方式來仿畫人的臉，那麼你一定會把所有經驗中和「人的臉」有關的信息想法在大腦中分析過濾一遍。這樣一來即使你只是打算單純的想要畫一幅圖而已，但卻往往會在作品上添加上自己對「人的臉」的既有印象。

所以如果把仿畫的圖上下顛倒放置的話，你記憶中的臉的信息就無從辨識，所以理性也沒有發揮的空間。

一開始的時候不需選擇太複雜的圖案，可以先從簡單的線條或素描試試看。當你完成仿畫之後，將你的作品再上下顛倒還原方向看一次，你應該會感到很吃驚。你會發現當你排除了理性只用感性工作時，應該可以仿畫出程度非常高的作品。

那是因爲你在作畫的過程中把理性運作模式拋到一邊，單純的使用感性模式的緣故，這就是一個培養感性的練習。

培養感性的練習

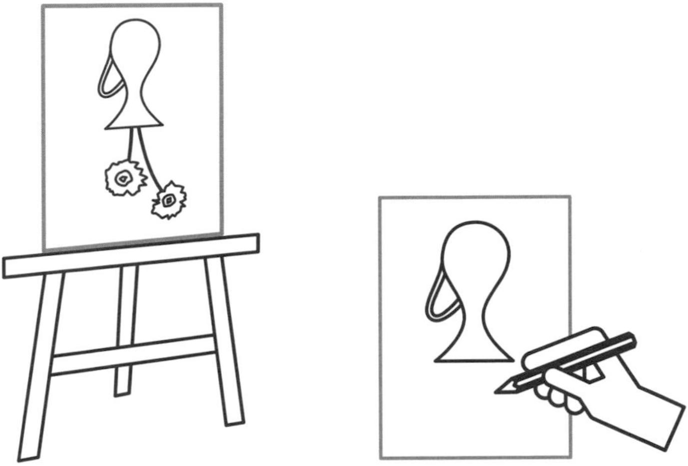

將圖畫或照片以上下相反的方向進行仿畫

Point

「要好好的畫」把這樣理性的思考先暫時排除，就能夠單純的靠自身的感性作畫。

5-3 鍛鍊創造力的「寫作」練習

如果是鍛鍊創造力的話，「個人寫作」是一個有效的方式。方法簡單的說，這時候你腦中所想到的任何事物，像是「好想睡喔」或是「今天有點涼颼颼的耶」等等的想法都原原本本地完全寫在紙上。當你在寫的時候不能花時間在思考上一邊想一邊寫。

這種「個人寫作」最重要的就是「絕對不能停下來」。爲什麼要這樣規定呢？前面也提到過，只要一有空檔，大腦就會自動地讓理性接手進行運作。一旦理性開始運作，就會出現「這個句子的邏輯很奇怪」或是「這樣做沒有用吧」等等經過判斷然後讓理性掌控書寫的情形。

爲了避免這種情形發生就要不停地持續一直寫。最佳狀態是你會有一種手腦相連一體的感覺。

我之所以推薦這個方法有兩個原因。

一個是避免錯過創意的種子。我們的大腦每天有無數的想法不斷反覆的浮現流動。前面提過的具有大腦筆記本功能的「工作記憶」不但容量太小，對信息保存的時間也非常短，所以記憶裡的內容很快就會被替換掉。但萬一，說不定在這些不斷流動的想法中，有可能存在著能夠讓你創意萌芽的種子呢？

爲了不讓這個創意的種子流失，我們必須把當下那一瞬間腦中浮現出的事物全部都寫下來，也許會有魚目混珠的可能，但卻可以防止你的創意有漏網之魚的狀況發生。

第二個原因是可提升你的書寫表達能力。只要持續這個練習，不知不覺中你的文章產出速度和數量都會有驚人的提升。把這個能力放在工作上的話，無論是寫企畫書或完成報告，還有創作部落格的文章等等的時候，最能夠感受到實際的效果。

「書寫表達能力的提升就是創造力的提升」。

簡而言之，持續進行個人寫作的練習就能不知不覺自然地培養出創造力。要提升個人寫作的效果則有以下的原則要遵守。

①不要把寫的東西給別人看（只要這樣就能毫不猶豫地完成）。

②不要在乎內容的程度（沒用的、不合邏輯的、跳躍式的、什麼都可以）。

③一定要訂下時間（用計時器會更有效果，可以從一分鐘開始練習，習慣之後再慢慢增加時間）。

④絕對不要停手。

⑤就算遇到瓶頸還是可以繼續寫（像是「寫不出來了」、「什麼也沒寫」等

等，一直到有新的想法之前都要不間斷的寫下去）。

大家一定要利用個人寫作的訓練解放潛在的創造力。

解放潛在創造力的個人寫作法

創造力UP↗ **書寫表達能力UP↗**

寫些什麼才好呢?

企劃書要怎麼寫才能通過呢?

上一次被批評說很難看懂，

那就再……再……設計得更容易理解些吧！

●
●
●
●

Point

① 不要把寫的東西給別人看

② 不要在乎內容

③ 一定要訂下時間

④ 絕對不要停手

⑤ 就算遇到瓶頸還是可以繼續寫

5-4 鍛鍊注意力的「書法」練習

在我進行記憶力的訓練中了解到一件事，我們雖然擁有包含記憶力在內的各式各樣能力，但如果要讓這些能力得到最大極限的發揮，就必須要讓其中一個能力持續運作。那就是「專注力」。

即便你在各種領域中擁有天生的才能，但如果專注力不夠的話，也無法發揮原有的能力。這意味著，專注力也可以說是所有能力的動力來源。當我理解到這一點之後，就開始嘗試許多可以提升注意力的方法。

在這個嘗試的過程中，我忽然有一個想法。關於自己的專注程度到底提升了多少？似乎沒有一個能夠簡單判斷的方法。於是我想到了「書法」。

會想到運用書法來練習專注力是因爲可以透過文字的表現看到自己是否進步。

我相信從事書法工作者都應該會同意我這個說法。在專注力集中與否的兩種狀態下寫出的字一定是完全不一樣的。它關係到線條的粗細、字體的氣勢、態度等等表現。另外專注力高的時候還可能行雲流水揮灑自如。

作爲一個書法的初學者，我這麼說或許有些狂妄，但以我的初學程度在依照字帖摹寫的時候都彷彿有一刀斬斷稻草卷似的爽快感。

正因爲這些是所有的專注力集中後所寫出來的文字，所以是可以用來做爲判斷的。也就是說當我們的字越寫越好時伴隨而來的可以說就是專注力提升的證明。

另外書法適合作爲專注力練習還有一個很重要的原因。大家聽過心流理論（Flow/又翻爲神馳）這個字嗎？所謂神馳狀態簡單的說就是投入最高的專注力並且將它完全發揮的狀態。一旦進入神馳狀態時大腦針對問題會自動操控並提供最適合的解決方法。因此可以得到最好的發揮和最佳的效果。

依據研究顯示要進入神馳狀態必須具有以下幾項特徵，其中之一就是「挑戰難度比自己的實力高約4％的事情」。挑戰的工作不能太簡單也不能太難。

無論是劍道或茶道等等這些專門的領域在鑽研的時候也是一樣的道理。書法也是，無論你的程度如何，一般人都會以達到更高境界爲目標來努力練習。

平常的練習就讓我們把目標訂在高4％難度左右，開始實際進行練習吧！

研究顯示如果長時間持續進行這個4％挑戰的話，似乎較容易成爲能進入神馳狀態的體質。

大家一起開始練習書法，提升自己的專注力吧！

書法中有許多能讓你提升專注力的因素

① 專注力的程度原原本本的呈現在字體上

② 不能太難也不能太簡單，挑戰比自己實力高約4%的工作較容易進入神馳狀態

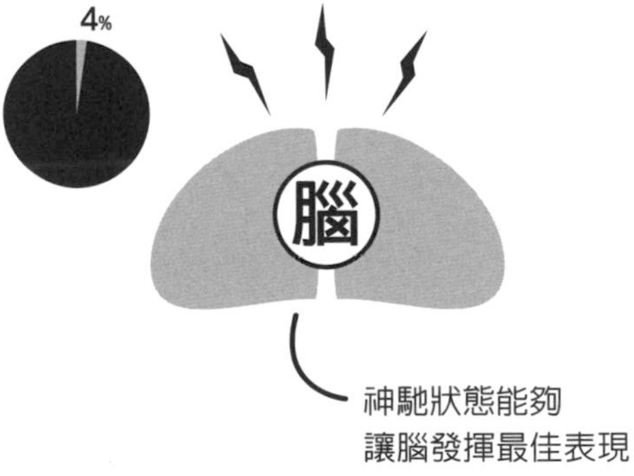

5-5 活用知識的練習

大家應該也有這樣的經驗吧，學生時代明明應該已經記在腦袋裡的知識，到了考試的時候卻寫不出來。出了社會在工作方面也是一樣的狀況，無論是開會或是會面進行的時候雖然也了解大家正在討論的話題，但卻無法統整組織內容或是發言。

大腦確實是吸收這些知識了。如果好好花點時間的話或許能夠想起來，或是能夠將內容彙整出來。但是這樣子的知識一點價值也沒有。

所謂知識，在必要的時候要能夠馬上引用，甚至立刻就能針對內容進行說明，如果達不到這種熟稔程度的話，就稱不上是有用的知識。

爲什麼明明應該已經是熟記的知識，卻往往想不起來，或是需要花很多時間整理組織內容呢？像這種情況，就是大腦的卓越性已經被妨礙或取代。

大腦有一個特徵，它會「比較想要認識事物的整體樣貌」。也就是說，比起零散的知識，我們的大腦會優先選擇記憶各種知識彙整後的整體樣貌。

因爲具備認識事物全貌這個能力，所以在進行一些學習時能夠較有效率的學到新的知識，但是它終究只是一種輸入信息的能力。而當你要表達知識的時候，大腦卻無法順暢的表達。

那是因爲知識的整體樣貌就像是概念，是一種模糊抽象的東西。由於知識是以這樣的樣貌被保管著，所以一旦要用「語言文字」表達時就無法順利進行。爲了避免這種情況發生，定期的將大腦中的知識用「語言文字」進行表達是一種有效的方式。爲此我們推薦的練習法是「一分鐘書寫」。請大家準備的物品是紙、筆和計時器。

一般的鉛筆和自動鉛筆較容易在書寫中折斷筆芯而使得練習被迫中斷，所以盡可能使用原子筆或鋼筆。紙的方面A4的影印紙橫放較容易使用。計時器請選擇時間到時會發出聲音提醒的種類。

首先我們在紙的左上角寫上一個關鍵字，然後用明顯的線條將關鍵字框起來。準備好之後請將計時器設定一分鐘，然後按下開關開始進行。請用之前我們介紹過的類似「個人寫作」的方式，在紙上不停的寫出和關鍵字相關的知識或自己的想法。即便在半途寫不出來時，也可以將「寫不出來、寫不出來、寫不出來」或是「沒有想法、沒有想法、沒有想法」等等眞正的心情繼續寫出來。

這項練習的目的並不是要讓大家花時間創作新知，而是希望大家用這一點時間，將焦點只放在你腦袋中現有的東西上並且用文字表達出來。

從大腦中順利提取出來的知識才是能夠使用的知識。

只要在設定一分鐘的目標時間到達鈴聲響起之前，不猶豫地一直書寫，甚至時間結束時還有其他內容可以書寫的話，那麼對這個關鍵字來說就是合格了吧。如果進行的不是那麼順利的話，那麼從結果來看自己到底有哪些方面不夠了解，這也是一種學習的回饋。只要補充不足的部分之後，就可以期待自己的知識向上提升。

將知識化為可用之物 1分鐘書寫

本能寺之變

織田信長死於明智光秀的謀反

信長引火自焚

年號是……年號是什麼呢?

收到謀反訊息的秀吉雖然正處於戰爭中，但馬上就談和了，馬上就……

●
●
●
●

Point

① **將關鍵字寫在左上角，時間設定一分鐘。**

② **寫出和關鍵字相關的知識以及自己的想法，如果什麼都想不起來，像「寫不出來」這些腦袋裡的想法都可直白地寫出來。**

③ **從自己寫下的內容中可以看到自己到底了解到什麼程度？**

後記

令人意外的，我對自己的了解還有很多不足之處。構成本書主題的各種要素很多都是別人告訴我之後才發現的。當中包括記憶力的部分，像是必須靠「手寫」這項工作才能讓大腦充分的發揮功能這個觀點也是這樣來的。

「池田先生拿過5次日本記憶力競賽的冠軍，應該在腦中就可以針對許多事情進行多工處理，很令人意外的，您竟然經常使用「寫字」這個方法。」當我被這樣說的時候，才重新意識到，無論是工作或是學習，「寫字」的功用在當中都佔有非常大的份量。

對我自己來說，這是一件再普通不過的事情，所以其實很容易有盲點。

在「前言」中也提到過，即使是紀錄同樣的內容，用電腦和手機輸入的方式跟手寫是完全不一樣的感覺。這雖說是我個人的看法，但我們的大腦就像一個過濾器，每天幫我們過濾需要的信息。而手寫的方式，就像是將信息放進大腦中過濾一遍。我認爲透過刺激強化過濾器可以讓大腦更加活躍。相較之下電腦的輸入方式就感受不到刺激感。

但是一直以來電腦都是以一個外掛記憶裝置的角色發展進步至今，就使用方面來說或許也夠了。

以我來講根本不用多說，但是其他人呢？讓我們翻開歷史來看看，像是達文西、愛迪生以及愛因斯坦這些因爲種種發現、發明而改變了時代的先賢們，無一例外的都是筆記狂。當然，是手寫的。

就算是現代最先端的工程師，在他們創思構想最初的發想也大多都是始於紙上作業或是寫在白板上這樣的手寫方式較多吧。

無論科技進步到什麼程度，人類至今一直用手來刺激腦部進化的「手寫」的行爲，今後也一定還會產生出更多精彩構想，這一點是不會改變的。

我由衷感謝本書的編輯寺西鷹司先生在我編寫這本書的時候，幫我找到了新的視角和觀點來進行寫作。

我也衷心希望購買這本書的讀者大家都能和我一樣，藉由「手寫」的方式能在各方面得到非常美好的成果。

2018年6月 池田義博

memo

memo

神奇!高效!手寫筆記奇蹟記憶法 / 池田義博著 ; 廖佳燕譯.
-- 初版. -- 臺北市 : 八方出版, 2019.10
面 ; 公分
ISBN 978-986-381-205-0(平裝)

1.筆記法

019.2 108012564

神奇!高效! 手寫筆記奇蹟記憶法

2022年6月22日 初版第2刷 定價280元

著　　者	池田義博
譯　　者	廖佳燕
總 編 輯	賴巧凌
編　　輯	洪季楨 · 陳亭安
封面設計	王舒玗
內頁設計	項苑喬
發 行 所	八方出版股份有限公司
發 行 人	林建仲
地　　址	台北市中山區長安東路二段171號3樓3室
電　　話	(02)2777-3682
傳　　真	(02)2777-3672
總 經 銷	聯合發行股份有限公司
地　　址	新北市新店區寶橋路235巷6弄6號2樓
電　　話	(02)2917-8022·(02)2917-8042
製 版 廠	造極彩色印刷製版股份有限公司
地　　址	新北市中和區中山路2段380巷7號1樓
電　　話	(02)2240-0333·(02)2248-3904
印 刷 廠	皇甫彩藝印刷股份有限公司
地　　址	新北市中和區中正路988巷10號
電　　話	(02) 3234-5871
郵撥帳戶	八方出版股份有限公司
郵撥帳號	19809050